徹底解剖

国家戦略特区

私たちの暮らしはどうなる?

アジア太平洋資料センター 編
浜矩子・郭洋春 ほか著

コモンズ

徹底解剖国家戦略特区●もくじ

第1章 新自由主義と国家戦略特区

浜 矩子

1 強き者のための「新新自由主義」

「新自由主義」とは、非常に不思議な言葉である。自由主義という言葉の頭に「新」がついた途端、自由主義ではなくなるという印象が強い。自由主義＝リベラリズム(liberalism)には、「人びとが自由を謳歌できるようにするべき」という発想が根底にあり、表現の自由や思想・信条の自由というニュアンスがこめられている。「自由に体制を批判する」「自分が信ずる哲学を自由に語る」などが、そもそも自由主義という言葉が持っていた語感だった。

そこに「新」がつけられたのが「新自由主義」である。この新自由主義という概念には、実は二段階あるように思う。もともと新自由主義が持ち出されたときは、行きすぎた自由主義に歯止めをかける、いわば第三の道を思考するというような意味だった。自由主義の対極にあるものが社会主義や計画主義だとすれば、それらを足して二で割ったような、いわば良いとこ取りの世界を目指すというのが、当初における新自由主義の持つ意味合いである。

ところが、いま言われている新自由主義は、新新自由主義という表現のほうが正確である。なぜなら、人びとの自由な展開をむしろ阻害する側面を持って広がっているからだ。新新自由主義が求めるのは、強き者の自由であり、富む者の自由であり、大なる者の自由である。強い者がより強くなる自由、大きい者がより大きくなる自由、豊かな者がより豊かになる自由を徹底的に追求する。グローバル時代のもとで、新新自由主義は一段とこうした方向へ進んでいる。

主としてブッシュ政権下の米国において、新新自由主義的な傾向を持つ政治・政策が前面に出てきたことも、見逃がせない点である。ヒト・モノ・カネが国境を越えるグローバル時代において、国家の存在の希薄化を回避するためには、強い者により強くなってもらい、大きな者にはより大きくなってもらう必要がある。国家は弱き者の面倒を見ている暇も余裕もないという、ゆとりを失った国々の焦りやパニックが、新新自由主義の台頭につながっているのではないか。

日本において徹底した規制緩和の導入による新自由主義が広がったのは、小泉政権時代である。では、なぜ、そのときは新自由主義的なものに対して現在のような危機意識が生まれなかったのか。それは、小泉純一郎という人物が「時の風」をつかまえるのが非常に上手だったからである。彼自身が慧眼だったわけではないが、政治的に何がウケるかについて抜群の嗅覚を持っていたのだ。

小泉政権が登場した二〇〇一年、日本経済は惨憺たる状況下にあった。その原因は、第二次世界大戦後における復興と再発展のためのメカニズムが時代遅れになっていたことである。予定調和的な競争なき秩序のなかで、誰もが横並びを意識しつつ、人の領分を犯すことなく、疑問を呈することなく、与えられた仕事をこなす。この構図を支えるために存在していた制度や仕組み、規制が足を引っ張り、新しい展開がなかなか芽吹かない。その結果として、経済活動自体が萎縮していた。要するに、護送船団方式的な物ごとの進め方が経済から活力を奪っている時代だった。

そうした状況下においては、より競争的な力学が働きやすい環境をつくらなくてはならないというのは、もっともな選択であっただろう。もちろん小泉氏には何の思想性もないけれど、「時の風」を読んで新自由主義を持ち込んだところ、どんどんウケてしまったということだ。

それが非常にうまくいったために、多くの人が新自由主義に対して疑念を持たなかった。「このまま突っ走っていけば日本がどんな状況になるのか」という懸念が生じる余地がとても小さかったところから、新自由主義は出発したと言える。

高度経済成長期は、みんなで一丸となって同じペースで進むのが経済をまわすために一番合理的なメカニズムだった。戦後間もないころは、ことのほか、そうだったと言えるだろう。何はともあれ、一丸となって復興のために同じ方向感でひた走る。それが求められるなかで、一人だけマイペースや違う方向感を追求していれば、混乱を招くばかりだ。その時代には、「横並びイズム」が必要とされていた。

しかし、高度経済成長期以降は、それでは経済が立ち行かなくなる。そこで、小泉政権は「脱横並び」で、自分の創造性に従って動き、我が道を行くのがよいのだとして、さまざまな面でのイノベーションを進めた。そうした転換プロセスを日本が経てきたことは間違いない。当時は、時代が「脱横並び」を必要としたのだ。

本来「脱横並び」＝「弱き者の切り捨て」ではないし、そうであってはならない。むしろ、多様な者が共存するという意味の「脱横並び」として導入されるべきものである。

ところが実際には、かつての横並びイズムから一八〇度転換した。企業はサバイバル競争のもとで背に腹はかえられず、生産性を上げられない者はすべて切り捨てる方向に向かい、新新自由主義の道をひた走ってきたのだ。これでは、創造性や想像力に富む経済活動が盛り上がるわけがない。効率は高まっても、新たな発想は出てこない。経済活動は干上がっていくばかりだ。もとより、倫理的にも道義的にも許されない。にもかかわらず、そのバランスを見失い、強い者をひたすら強くするという方向を歩んでしまった。

一方で、「失われた一〇年」から何とか脱したという認識が生まれると、格差問題に世の中が注目し始める。「格差」という言葉が本のタイトルにも頻繁に登場し、かつよく売れる状態になった。これは、新自由主義がもたらした結果が見えてきたからにほかならない。本来であれば、経済政策がこうした負の影響を生み出した場合、政治と政策は切り捨て主義によってはじき出される人たちを支える方向に速やかに動くべきである。だが、政治も政策も新新自由主義的な経済展開に寄り添ってきた。それをもっとも極端なかたちで進めているのが安倍政権である。

小泉氏と安倍晋三氏の唯一最大の違いは何か。小泉氏は「空気を読むことで生きていく人」、安倍氏は「空気を読まないで突っ走る人」である。時代状況は小泉登場のころと変わり、政治と政策に求められるものも一八〇度変わったにもかかわらず、安倍政権はそれにまったく頓着せず、富国強兵の道を進んでいる。

2 アベノミクスとは何か――「日本再興戦略 改訂二〇一四」は富国強兵政策

「アベノミクスとはどのような考え方、政策なのか？」と問われたとき、「アベノミクスとは経済のことが何もわかっていない政策だから、何のミクスでもない」というのが、もっとも本質的な評価だ。強兵路線を支える富国を実現するための政策パッケージであるという説明に尽きる。

現在、新自由主義の導入による弊害があちこちに出てきている。「これは行き過ぎた、まずい」と軌道修正し、社会的平等を取り戻す方向の政策に変えるべきだと考えるのが、まっとうな神経の人間だ。しかし、安倍首相にはそういう目的意識はそもそもない。アベノミクスの基本スローガンは、力強い日本を取り戻す、成長できる日本を取り戻すという、「取り戻したがり病」だ。そのためには、弱き者、切り捨てられていく者のことなど構っている余裕はない。弱者を助けるどころか、弱者がいるという現実そのものを見ない。それが非常にはっきりとしているのが、アベノミクスの特徴である。

安倍政権は、企業減税に非常に固執しているが、企業減税の恩恵(それ自体に大した恩恵はないだろうが)を受ける企業は三割弱の黒字企業であり、そのほとんどが大企業である。そうした大企業を優遇することが、富国強兵に役に立つ。彼らはそのように考えているのだと筆者は思う。大企業向け減税を進める一方で、その財源捻出のためとおぼしき外形標準課税(1)の強化、あるいは中小零細企業支援の政策の一部見直しも、進みそうな気配だ。「強き者をより強く主義」がどうも前面に出がちな昨今だ。

安倍首相が最終的に目指しているのは、日本経済がより良きバランスをもった経済に復元・復帰したり、長年のデフレ状態から脱却することではない。彼が目指すのは、あくまでも「強兵のための富国」であり、それは日に日に明らかになってきている。デフレ脱却は基本的に、表看板にすぎない。筆者にはそうみえる。集団的自衛権の行使を認める閣議決定をはじめとして、衣の下から「強兵」をめざす鎧がくっきりと透けて見えている。

二〇一四年六月二四日、アベノミクスを実行するための「『日本再興戦略』改訂二〇一四――未来への挑戦」(2)が打ち出された。このベースになったのは同年一月の施政方針演説であり、両者はセットになっている。「日本再興戦略」は「稼ぐ力」の連呼で、それを実現させるために政策が何をしなければいけないかには、ほとんど言及していない。その意味で、政策文書とは思えないような代物である。たとえば、企業の利益は「新規の設備投資や大胆な事業再編などに積極的に活用しなさい」、投資家は「『稼ぐ力』の向上という大きな方向に向けて、積極的な役割を果たしてい」きなさいなど、それこそ自由主義的ではない介入主義的な物言いが随所にみられる。

一例をあげてみよう。まず、「改訂に当たって」で、こう述べる。

「経営者をはじめとする国民一人一人が、『活力ある日本の復活』に向けて、新陳代謝の促進とイノベー

---

(1) 資本金一億円超の法人を対象とした法人事業税の一部で、二〇〇四年度から導入された課税制度。企業が赤字か黒字かにかかわらず、従業員の給与総額や資本金など事業規模に応じて税額が決まる。赤字企業も含め、全企業の一％にあたる約二万四〇〇〇社が納税し、二〇一四年度の税収は約六三〇〇億円を見込んでいる。安倍政権はこの対象を広げて中小企業にも適用しようとしたが、抵抗も強く、二〇一五年度の拡大適用は見送られた。

(2) http://www.kantei.go.jp/jp/singi/keizaisaisei/pdf/honbun2JP.pdf

ション に立ち向かう『挑戦する』心を取り戻し…」

このように一丸とならなければいけないのだ、と言う。そして、「日本の『稼ぐ力』を取り戻す」という部分では、稼ぐ力を取り戻すことに向けて、以下のようなことが延々と書かれている。

「企業の『稼ぐ力』の向上を具体的に進める段階に来た。長期的にどのような価値創造を行い、どのようにして『稼ぐ力』を強化してグローバル競争に打ち勝とうとしているのか、その方針を明確に指し示し、投資家との対話を積極化していく必要がある」

だが、これらは政策の役割ではないはずだ。さらに、まるで自分たちが会社の役員になったつもりなのか、と言いたくなるような書きぶりも登場する。

「銀行、機関投資家等の我が国の金融を担う各プレーヤーが、長期的な価値創造と『稼ぐ力』の向上という大きな方向に向けて、それぞれが企業とよい意味での緊張関係を保ち、積極的な役割を果たしていく必要がある。そのうち、銀行・商社等については、企業の新陳代謝を支援する観点から、ファンド等を通じた民間ベースでのエクイティ、メザニン・ファイナンス投資等(3)への貢献も含む収益性を意識したリスクマネー供給の促進、目利き・助言機能を発揮することが求められる。また、公的・準公的資金の運用機関を含む機関投資家についても、適切なポートフォリオ管理と株主としてのガバナンス機能をより積極的に果たしていくことが期待される(4)」

また、二〇一三年九月には、「経済の好循環実現に向けた政労使会議(5)」が設置された。同年六月に出された「経済財政運営と改革の基本方針」と「日本再興戦略」をふまえて、経済の好循環の実現に向け政労使の三者が意見を述べ合う場としてつくられたものだ。まさに、「計画的に、官民複合で、オールジャパンで行くぜ」という会議であり、自由主義的・民主主義的国家とは思えないような、「強い国づくりに一丸となって当たるべし」と主張し、富国強兵路線の色彩が一段と強くなっている。

最近の安倍首相は、アベノミクスの効果に対して批判を受けてきたがために、「アベノミクスの成果を全国津々浦々に行き渡らせるのです」と言い、ローカルアベノミクスなどと言っている。しかし、具体性はまったくない。「日本の豊かな自然や独自の文化といった優れた観光資源を眠らせたままとせず、ストーリー性やテーマ性を高めて国の内外に情報を発信」「地域資源のプレミアム化」「戦略的に観光振興に取り組める体制の整備」など、まるでテーマパークでもつくるかのような文言しか書かれていない。

二〇二〇年に東京で開催される予定のオリンピックを「強い日本を取り戻す」のために使おうとする発想も、強烈に打ち出されている。一九六四年に東京で行われたオリンピックは、日本がもはや戦後ではな

(3) エクイティ・ファイナンスは、新株発行を伴う、企業のエクイティ(株主資本)の増加をもたらす資金調達。具体的には、公募(時価発行増資)、株主割り当て、第三者割り当てといった払い込みを伴う増資や、新株予約権付社債の発行などの総称として使われる。メザニン・ファイナンスは企業の資金調達手段の一つで、ローンや普通社債などによるデット・ファイナンスと、エクイティ・ファイナンスの中間に位置する手法。劣後ローン(支払い順位が劣るローン)やハイブリッド証券(劣後債、永久債、優先出資証券、優先株)などがあり、従来から金融機関が取り組んできたシニアファイナンスより投資リスクが高い。

(4) 資産運用や経営資源の配分を考えるとき、投資案件の一つ一つを個別に評価するのではなく、全体(ポートフォリオ)でのバランスを考慮に入れて分析・検討し、合理的な取捨選択・優先順位を導き出して、最適な投資の意思決定を図るマネジメント手法。

(5) http://www.kantei.go.jp/jp/singi/seirousi/

くなったというインパクトを与えた。それを再現しようというわけだ。「改革への集中的取組」のなかでは、本書のテーマである国家戦略特別区域（以下、国家戦略特区）と並んで、「二〇二〇年に向けた改革の加速」が位置づけられている。

そして、「国家戦略特区を内閣総理大臣がトップダウンで進め、国全体の改革のモデルとなる成功例を創出していくことが重要である」「攻めの農林水産業への転換」など、威勢のいいことおびただしい。これから経済発展をとげようとしている若い国ならば、このような言い方もわかる。だが、成熟度の高い日本経済をこのような形でむやみに鼓舞すれば、経済のバランスが崩れるばかりだ。

3 アベノミクスはこれからどうなるのか

いまアベノミクスと呼ばれている政策パッケージの萌芽は、第一次安倍政権（二〇〇六〜〇七年）のころにすでに存在していたと言えるだろう。なぜなら、「戦後レジームからの脱却」が第一次安倍政権の最大の看板だったからである。第二次安倍政権では、「日本を取り戻す」という言い方で再登場している。その意味で内容は変わってはいないが、第二次安倍政権では妄念の純度が一段と高まったといえる。

第一次安倍政権では思いなかばで悔しい思いをしたから、いま余計に燃えているのか、不幸にして民主党政権があまりにも人びとをいらだたせてしまったために、妄念を前面に出すことが追い風になったのか。いずれにせよ、私たちにとって非常に不幸な展開になり、第二次安倍政権は暴走し続けている。

自民党内に、こうした安倍政権の暴走を止める歯止めはないのだろうか。

個々の議員にとっては、安倍政権の支持率に「損益分岐点」がある。支持率が高く、追い風状態のときは、その波に乗っていかなければ政治家人生がどうなるかわからないと考える。逆に、支持率が低下して政権維持が危うくなれば、ネズミが沈む船から出て行くかの如く、すぐに見放すだろう。現時点では、とりあえずはそうならないですんでいるだけの話である。安倍氏およびその周辺も、「損益分岐点を下回る前にやりたいことをやってしまえ」と考え、あれだけの焦りをもって集団的自衛権の行使を認める閣議決定を進めたのだろう。

官僚はどうか。官僚の仕事とは、時の政権が求めることを巧みに速やかに察知し、その政策化に邁進して成績を上げるというものだ。つまり、思想性を持っていなければ持っていないほど、良き官僚ということになる。

現在、アベノミクスの方向感と官僚たちの方向感が一致しているというわけではない。ただ、とにかくやる仕事が増えたことで嬉々としているのではないか。民主党政権下では、実に愚かしいことに、政治が官僚組織を排除した。その結果、官僚の仕事は減ったのだ。安倍政権が復活して、どんどん仕事をくれるので、水を得た魚のごとく頑張っているというのが実態だろう。

さらに、安倍政権にはいわゆる経済ブレーンとして、さまざまな学者が存在しているようだ。なかには、踊らされているだけの人も少なくない。どうも、日本の経済学の世界では新自由主義的な傾向が幅を効かせる傾向にある。その路線に乗って、経済財政諮問会議、産業競争力会議、規制改革会議など、さまざまな会議体がつくられていく。まさに会議は踊るだ。

❹ 国家戦略特区の目的は「強い者をより強く」

アベノミクスのいわゆる「第三の矢」の一角を形成しているのが、国家戦略特区構想だ。いわば、新自由主義的な論理を貫徹させるための特別ゾーンというべきものだ。端的に言って、特区構想というのは強き者をより強くするための構想だ。その意味で、弱者切り捨ての論理を自ずと内包していると思う。へたをすれば、国家戦略特区は「ブラック特区」になりかねない。

そもそも特区とは、発展途上国において、経済規模がさほど大きくなく、インフラや投資環境が未整備である地域を指定し、集中的に投資を呼び込んで経済のカンフル剤として、国家全体の経済発展を目指すものである。特区構想そのものが悪いわけではない。最貧国が貧困から脱却していくための手段、経済的な離陸を果たすための政策として外資の誘致を促すなどは、正当性のある経済政策だといえる。

しかし、現在の日本のように成熟度も洗練度も高く、インフラも充実している国で特区政策を行うことは、完全に間違いである。しかも、国家戦略特区は東京と大阪という大都市を中心にしており、本来の特区政策から完全に逸脱している。

安倍首相は二〇一三年一一月に「日本を世界でもっともイノベーションが起こりやすい国にしたい」と述べたが、そうした国でヒトを世界から呼び集めれば、途上国の離陸のチャンスを奪うことになる。まったく筋が通らない話だ。つまり、国家戦略特区は、本来の特区政策とは違う目的意識を持っている。東京や大阪など強き者をより強くするための政策である。

小泉政権時代も特区政策が実施されたが、当時は「地域再生」「ふるさと再生」を目的に自治体側から申し出る方式だった（第2章参照）。国家戦略特区はトップダウンだから、一八〇度違う。空気の読める小泉氏は、国民に受けると考えて構造改革特区を導入した。一方、安倍氏は国民に受けようと受けまいと、国家戦略特区を進めるつもりだ。

国家戦略特区構想が安倍政権の思惑どおりにいった場合、最大の懸念は特区内外の格差のいっそうの拡大である。強さを集めるのが特区だから、そこに弱い要素が入ることを許さない。日本経済における特区経済と非特区経済の二極化、つまり壊れたホットプレートのホットスポットとコールドスポットの差が一段と顕著になっていく。

国家戦略特区の内側ではバブルに沸いて人手不足だと騒ぎ立てている。だが、外側は累々たる屍が横たわり、貧困のゲットーのようになる。また、特区の中にいたければ、ブラックな労働条件を受け入れなければならない。そして、特区の内外はもちろん、特区内でも格差が生まれる。あくまで安倍政権の思惑どおりにいった場合の話ではあるが、彼らが目指しているのはこうしたイメージではないか。

では、果たしてそれで経済成長が実現するのか。答えは否である。国家戦略特区内は万年バブル状態になるが、それは健全に成長する経済では決してない。フローで見れば非常に激しく回転しているように感じるけれど、蓄えが形成されていくわけではない。特区内の労働者はとにかく忙しく、カネは持っている。でも、寿命は短い。「過労死特区」と言えるような状態になるおそれがある。

いまの日本は、これまで蓄積してきた蓄えを上手に分かち合い、心身ともにゆとりのある経済活動を模索する段階にある。ところが、自転車操業で、強制的にドーピングして若返らせていく。ドーピングの最大の薬物が国家戦略特区ではないか。特区内外のバランスもどんどん悪くなる。必死で働いているのに、特区外の世界は成長に貢献していないとみなされて、切り捨てられていくことになりかねない。つまりは、特区に入るも地獄、入らないも地獄ということになるわけだ。

下請けや孫請けの企業は昔から、お互いに支え合っていた。そうした連帯も断ち切られる。「日本再興戦略」にある「ストーリー性、テーマ性」についていけない人が多く出現するだろう。しかし、安倍政権は実態のない言葉に酔いしれるばかりだ。その体質を官僚たちは巧みに読み取って、市民を踊らせようとしている。

ＴＰＰでも国家戦略特区でも、医療分野への混合診療の導入が議論されている。医療だけでなく、すべてに金がかかり、金が払える者には最上級のサービスが提供される社会になっていくだろう。最大の問題は、公共財が犠牲にされていくことだ。

公共財は、費用負担をしていない人にも平等に提供されることが条件だ。その条件そのものが損なわれていく。経済活動の世界から公益性や公共心が消えていき、高福祉国家からどんどん遠ざかっていく。消防や学校、図書館なども同様だろう。特区内では教育者もスタッフも医者も最上級の一方で、特区外には劣悪なサービスしか提供されない。こうした構図になるだろう。

最終的に恐ろしいのは、一人ひとりの生活能力の低下である。生活基盤を奪われることが生活能力の低下につながる。仮に国家戦略特区の外では十分な教育が受けられなくなれば、知的発展の機会が奪われ、格差が固定化する。所得格差だけではなく、知的格差も生まれるのだ。

5 私たちはどう対応すればいいのか

国家戦略特区については、国民全体はもちろん、特区に指定された地域の住民にも、まだよく知られていない。たとえば、九区が指定された東京都(三一ページ参照)から都民への説明も不十分である。東京都の場合、舛添要一知事の考え方と国家戦略特区構想は必ずしも親和性があるものではないと思う。とはいえ、東京オリンピックの成功を掲げるかぎり、反対はできない。しかし、国の言うままに国家戦略特区を受け入れれば、自身のイメージダウンにつながることも知っている。つかず離れずの微妙なスタンスで付き合っていくつもりだろう。

全国六カ所の国家戦略特区が実際に動くのか、さらに成功するのかは、未知数である。たしかに国家戦略特別区域法は成立したけれど、「国家戦略特区は実現してしまった」と思い込んでしまえば、敵の術中にはまる。安倍政権の経済政策は、とにかくいろいろなものをぶち上げ、いったんジェット風船のように勢いよく急上昇するが、空気がなくなればしぼんで手元に落ちてくるようなものだ。一つ一つを厳しくチェックしていけば、その内実が見えてくる。

こうしたなかで、市民による情報公開請求は運動の柱である。そのとき、特定の層だけではなく、さまざまな立場の市民が参加するのが効果的だろう。市民に見られていると安倍政権に意識させる必要がある。仮に、日々山のように公開請求が届けば、さすがに黙って政策を進めるわけにはいかなくなる。機械的に毎日請求してもよいかもしれない。

また、市区町村議や都府県議に対して、「国家戦略特区の問題を議会で取り上げてほしい」「与党を追及してくれ」と日々しつこく働きかけることも大事である。政治家や行政パーソンは義務を果たしていないと思われたくないから、あわてて市民への説明をやり出す可能性はある。逆に言えば、声が上がらなければ絶対にやらない。TPPについても、最初はほとんど関心が集まらなかった。声を上げ続け、運動を広げてきたのは、市民の力だ。市民意識を高めるためにも、情報開示を求め続けるべきである。

最後に、これからの社会のあり方に言及しておきたい。私たちは共に生きる知恵を探り当てなければいけない。そこでグローバルジャングルという言葉を提示したい。ジャングルというと弱肉強食のイメージがあるが、共生の生態系としての表情もある。弱いものも小さいものも生態系を支える位置づけを持って共生している。

アベノミクスは、グローバルジャングルと相性が悪い。成長戦略は世界一になることを目指す考え方だからだ。みんなが誰かに支えてもらわなければ生きていけないなかで、自分だけ一番になると言いだせば生態系を乱すことになる。

そして、共に生きていくための心構えの一つが、奪い合いから分かち合いへという意味で「シェア(市場占有率)からシェア(分かち合い)へ」という合言葉。もう一つは、多様性と包摂性(包容力)が出合う場所を目指そうということだ。一番になりたいという考えが前面に出てくると、排除と均一化の論理がのしかかってくる場所になる。そこに引き込まれれば、待っているのは永遠の暗闇になる。「シェアからシェアへ」を合言葉に、多様性と包摂性が出合う社会を創っていこう。

第2章　国家戦略特区とは何か

奈須　りえ

1　三つの特区

アベノミクスの第一の矢が「大胆な金融政策」、第二の矢が「機動的な財政政策」だ。しかし、「著しい改善を見せてい」るという首相官邸ホームページの自賛とは裏腹に、どちらもたいした成果は上がっていない。本命は、第三の矢である「民間投資を喚起する成長戦略」、すなわち「国家戦略特区」であると言われている。特区とは、国の一律のルールとは別に法的・行政的に特別な性格を与えられている地域を指す。これまでに、小泉政権下の構造改革特区や民主党政権下の総合特別区域などがあった。

「地方分権」を名目とした構造改革特区

特区を活用した規制緩和による経済政策は、沖縄県を除けば、二〇〇二年一二月の構造改革特別区域法の成立をうけて、二〇〇二年に構造改革特別区域（以下、構造改革特区）としてスタートする。国会では、一国二制度や法の下の平等という観点からの妥当性が指摘された。これに対して小泉政権は、「地方分権（地域の実態に合わせた規制改革）は進めるが、財政措置は講じない」と答弁し、可決された経緯がある。

「構造改革特区は、規制は全国一律でなければならないという考え方から、地域の特性に応じた規制を認めるという考え方に転換を図り、地域の実態に合わせた規制改革を通じ、それぞれの地方が知恵と工夫の競争による活性化を目指す」（二〇〇二年一一月八日、衆議院本会議、小泉純一郎内閣総理大臣）

「この構造改革特区は、地方が自主性を持って知恵と工夫の競争による活性化を図ることを意図しております。したがって、従来型の財政措置を講じないこととしております」（二〇〇二年一一月二二日、参議院本会議、小泉純一郎内閣総理大臣）

「地域の特性に応じて異なる規制の特例を設けることについて、個々の規制について規定する法律の目的に照らして合理的な説明が可能であれば、法の下の平等の問題は生じないものと考えております」（二〇〇二年一一月二八日、参議院内閣委員会、鴻池祥肇構造改革特区担当大臣）

構造改革特区では「地域おこし」が喧伝された。酒税法の適用を緩和して農家や民宿が特区内の醸造所で自家産米で仕込んだどぶろくを提供できる「どぶろく特区」が印象に残っている人もいるだろう。

法の下の平等を侵した総合特区

二〇一一年六月には総合特別区域法が成立する。同法で定められた総合特別区域（以下、総合特区）には、「経済成長のエンジンとなる産業・機能の集積拠点の形成」を目指す国際戦略総合特区（七地域）と、「地域資源を最大限活用した地域活性化の取組による地域力の向上」を目指す地域活性化総合特区（四一地域）がある。ここで初めて、特区という国内政策に「国際」という言葉が使われた。

国際戦略総合特区は、外国企業の誘致と、総合特区内に進出した企業のビジネスマンとその家族の環境整備のために、規制緩和や財政・金融支援を行う。たとえばアジアヘッドクオーター特区では、東京都心・臨海地域、新宿駅周辺地域、渋谷駅周辺地域、品川駅・田町駅周辺地域、羽田空港跡地が指定された。しかし、自治体側は各府省が総合特区内における規制緩和に消極的であるとして、評価していない（「特区制度の概要」内閣官房地域活性化統合事務局、二〇一三年五月）。その消極性が国家戦略特区につながったと言えるのではないだろうか。

また、構造改革特別区域法の目的は「国民生活の向上及び国民経済の発展に寄与すること」だったが、総合特別区域法の目的は「国民経済の発展及び国民生活の向上に寄与すること」である。国民生活と経済発展の順序が入れ替わっている。果たして、総合特区に国民の姿は見えているのだろうか。

さらに、総合特別区域法では、構造改革特別区域法の審議で問題視された減税や利子補給が盛り込まれ、一国二制度や法の下の平等のハードルをあっさり超えてしまった。成立が東日本大震災から三カ月後であり、被災地の一日も早い復興のため特別な財政支援を願う心が、そうさせたと言うべきなのか。片山善博総務大臣の以下の答弁が、それを象徴している。

「総合特区の持つ手法というのは震災被災地の復興に当たっては大いに活用すべき余地があると私は考えております」（二〇一一年四月二七日、衆議院内閣委員会）

内閣総理大臣主導で進む国家戦略特区

そして、二〇一三年一二月に成立したのが国家戦略特別区域法（以下、国家戦略特区法）だ。国家戦略特区は、産業競争力会議で竹中平蔵氏（パソナグループ取締役会長、慶応大学教授）が提案した。これまでの特区に初期のような効果が見られなくなったので、次元の違う特区をつくり、いっそうの規制緩和を進めようというわけだ。どう次元を変えるかについて竹中氏は、次の三点をあげている。

①総理主導の特区である。

②特区担当大臣、地方の首長、民間が集まり、ミニ独立政府のような権限を持つ。

③特区担当大臣を支える諮問会議を発足させる。

なかでも、②の「ミニ独立政府」がキーポイントだと言う。つまり、誰がどう規制緩和を進めるかの仕組みを変えるのである。

意志決定の仕組みを揺るがす大きな問題をもつこの国家戦略特区法について、国会議員たちはどれほどの理解をもって審議したのだろうか。大半の国民は、国家戦略特区法によって暮らしに関わるさまざまな制度が根本から変えられようとしていることを知らされていない。同法の目的では「産業の国際競争力を強化するとともに、国際的な経済活動の拠点を形成すること」が前段に掲げられている。

地域おこしや地方分権を旗印に始まった構造改革特区は、内閣総理大臣主導が大きくアピールされ、大都市を舞台に、開発や投資によって利益を上げたい事業者の提案による、経済効果をもっぱら重視する国家戦略特区となった。国際競争力強化のために行う事業は、指定金融機関からの資金の貸付け（要するに借金）によって進められていく。

表２-１　３つの特区の比較

	政権	根拠法	事業の主体	分　　野	手段	目的（第１条）	理　念
構造改革特区	自民党 小泉首相	構造改革特別区域法 （2002年）	地方自治体	教育、物流、研究開発、農業、社会福祉その他の分野	規制緩和 （構造改革） （第３章）	1.国民生活向上 2.国民経済発展	地方分権
総合特区	民主党 菅首相	総合特別区域法 （2011年）	地方自治体	我が国の経済社会の活力の向上及び持続的発展に寄与することが見込まれる産業 農業、社会福祉、観光、地球環境の保全その他の分野	規制緩和 （構造改革） 税制優遇 利子補給 （第３章・第４章）	1.国民経済発展 2.国民生活向上	地方分権
国家戦略特区	自民党 安倍首相	国家戦略特別区域法 （2013年）	民間事業者 地方自治体	構造改革特別区域法と連携	規制緩和 （構造改革） 税制優遇 利子補給 （第４章）	1.国際競争力強化 2.国民経済発展 3.国民生活向上	内閣総理大臣主導

特区の提案者は自治体から、民間事業者や外国企業にまで広げられた。国、自治体、企業（事業を実施するもの）が一体となって規制を緩和し、利益の増大に血道をあげていく。そこでは、国民の暮らしをどうよくするのか考えられているのだろうか。

一貫して進む規制緩和

三つの特区の概要を表２-１にまとめた。これを見ると、一貫して規制緩和による経済政策が進められていることがわかる。構造改革特区で規制緩和が始まり、民主党政権で税財政措置を盛り込んだ総合特区となる。さらに、国家戦略特区では、規制緩和の決定権を国会や地方議会から内閣総理大臣主導の国家戦略特別区域諮問会議（以下、諮問会議）と国家戦略特別区域会議（以下、区域会議）に委ねる仕組みがつくりあげられた。

規制緩和によって公共サービスの質が低下し、国民の負担が増えたとしても、景気が良くなり、自己責任で生きていけばよい。この間、国会議員たちはそう判断して、一連の特区法を議決してきたのかもしれない。しかし、国民の多くが明確に経済成長のための規制緩和を支持してきたわけではない。改革というイメージだけが先行していたのではないだろうか。

また、特区の活用については、中央官庁の官僚の理不尽な規制に抗して、住民自治を尊重するという思いがあったようだ。私が二〇一四年八月に行った国家戦略特区についての講演を聞いた、構造改革特区による規制緩和を採用したある市長から、こんなメールをいただいた。

「官僚制度の軛《くびき》から逃れるためにこの制度を使ったが、甘い姿勢だったことがわかった」

たしかに、多くの首長が当時そう認識して、構造改革特区に手を上げたのも無理はない。構造改革特区には、前述の鴻池構造改革特区担当大臣の答弁にもあるように「元の法律の目的の範囲内での規制緩和」という原理原則が貫かれている。たとえば『構造改革特別区域法逐条解説』を見てみよう。

『「地域の特性に応じた規制の特例措置」とは、全国一律に課されている規制のうち、一定の地域の特性に応じた異なる規制手法をとっても各規制の本来の目的が損なわれないなどの一定の合理性が認められ、またそのことにより、規制が課せられている特定の事業等がより活発に実施されることなどが期待されるものについて、地域の特性に応じて講ずる特例措置のことです(1)」

2 「特区法」のまやかし

規制緩和が進む要因の一つに「特区法」の存在がある(2)。「特区法」では、一本の法律で、各省が法律で定める規制を変えられる（構造改革特別区域法＝第四章構造改革特別区域における規制の特例措置（第一一条〜第三六条）、総合特別区域法＝第三章第四節規制の特例措置（第一九条の2〜第二五条）、課税の特例（第二六条・第二七条）、国家戦略特別区域法＝第四章認定区域計画に基づく事業に対する規制の特例措置等（第一三条〜第二八条））。

小泉内閣のときから規制改革に大きく関与してきた八代尚宏氏（国際基督教大学客員教授、元規制改革会議議員）は、著書で述べている。

「従来は、各省の所管する法律を個々に改正し、それを内閣でまとめるのが常識だった。しかし、それでは国が原案を作成する際に、担当省庁の意向が働くことが避けられず『意味のある改革が困難』なので、この構造改革特区の時から『包括法』という各省の複数の法律を一括して修正する特区法が採用されるようになっている(3)」

各省（官僚）に任せると国（政府）が思うように変えられないから、各省（官僚）の意向を超えて法律を変えるために、「特区法」による規制緩和が行われるようになったのである。

また、特別法であれば、憲法第九五条の規定に基づき住民投票を行わなければならない。ところが、当時の自民党行政改革推進本部事務局長の林芳正参議院議員は、「特区法」の場合は、申請・認定という要

（1）http://www.kantei.go.jp/jp/singi/tiiki/kouzou2/sankou/hou051006/01.pdf
（2）ここでいう「特区法」は、構造改革特別区域法、総合特別区域法、国家戦略特別区域法を総称している。
（3）八代尚宏『規制改革』有斐閣、二〇〇三年。

件が整えばどの自治体にも適用されるから一般法であり、住民投票は不要であるという解釈をしている。(4)

林氏は、「補助金を付けたり、税制の優遇措置を講じたりすれば、同じ制度を全国の自治体が取り入れるようになったとき国の財政が逼迫するから税財政措置を講じなかった」(5)とも述べる。だが、総合特別区域法では、減税して補助金をつけている。構造改革特別法の精神は、あっさり葬り去られているのだ。

本来なら各法を改正すべきなのに、「特区法」による包括的な改正を許してしまったために、法改正に伴う影響が国民から見えにくくなっている。これは、重大な問題である。

さらに、日本国憲法第八四条や地方税法第三条は、地方税を変更する場合には議決を求めている。国民生活に重大な影響を及ぼす税について政府が勝手に決められないように、住民が選挙で選んだ議員によって決めるという、議会制民主主義の基本がここにある。しかし、アジアヘッドクオーター特区に指定された東京都は、都内で行われている都市開発プロジェクトに対して破格の減税・免税や補助金による優遇策を行っているにもかかわらず、(6)議決による条例改正を行わず、知事の例外規定で対応している。そのうえ、主税局長の決定だ。

国家戦略と名付けられた重要施策における減免措置をこうした形で決定して、よいのだろうか。なんでも変えられる「特区法」のイメージが、法治国家の基本的手続きを形骸化していると思えてならない。特区における減税や免税を法律上の手続きを簡略化して容認するなら、日本の統治機構は崩壊する。

二〇一四年度から、法人住民税が一部国税化された(一〇月一日以降に開始する事業年度から適用)。これは、国の財源を地方自治体から補填する意味合いを持つ。政府は、東京都などの裕福な自治体に偏っている税金を地方にまわすと説明している。だが、実際には、法人税を減税してきたゆえに地方税が足りなくなったことへの対策ではないだろうか。特区における国税の減免や利子補給は、さらに国税の財源不足を招く。結果として、法人住民税の一部国税化につながったと見るべきではないだろうか。

こうした影響の可能性があるからこそ、憲法第九五条は、一つの自治体のみに適用される特別法の制定に対して、住民投票による過半数の同意を求めているのである。東京都や大阪府など一部の自治体で行われている税財政措置は、条例の制定や改正はもとより、総合特区による規制の適用の是非について住民投票を行うべきではないだろうか。

また、国家戦略特区法が成立し、「国家戦略特別区域基本方針」が閣議決定されて（二〇一四年二月二五日）、構造改革特区、総合特区、国家戦略特区の三特区が連携して活用できるようになった（同方針第二5関連する施策との連携に関する基本的な事項）。地方分権、法の下の平等、一国二制度、税財政措置などについて国会で説明してきた約束は、守られるのだろうか。国家戦略特区の規制緩和の決定権が諮問会議と区域会議に委ねられ、これらの約束が反故にされて、規制緩和のみが進むことはないのだろうか。不安は尽きない。

（4）反町勝夫『各界トップが語る改革のプロセス』東京リーガルマインド、二〇〇三年。なお、住民投票についてでは本書第3章に詳しい。
（5）前掲（4）。
（6）国税では所得控除（二〇％）、投資税額控除（機械：取得価額の一五％、建物等取得価額の八％）、特別償却（機械：取得価額の五〇％、建物等取得価額の二五％）。都税では不動産取得税（家屋）全額減免、固定資産税（家屋・償却資産）全額減免、都市計画税（家屋）全額減免や利子補給。

表 2-2　国家戦略特区において計画されている規制改革メニュー

		東京圏			関西圏			新潟市	養父市	福岡市	沖縄県
		東京都	神奈川県	成田市	大阪府	兵庫県	京都府				
初期メニュー											
都市計画・まちづくり	容積率	◎	◎		◎						
	エリアマネジメント	◎			◎	○				◎	
	旅館業法	◎	○		◎	◎	○				
教育	公設民営学校				○						
雇用	雇用条件	◎			◎			○		◎	
医療	外国医師	◎	◎	◎	◎	○				◎	
	病床	◎	◎	◎	○	◎	◎			○	
	保険外併用		◎	◎	◎	○	◎				
	医学部検討			◎							
歴史的建築物の活用	古民家等		◎			○	○		◎	○	
農業	農業委員会							◎	◎		
	信用保証							◎	◎		
	農家レストラン							◎	◎		
	農業生産法人							◎	◎		
主な追加メニュー候補											
外国人の受入れ促進			○	○				○		○	○
入管・検疫手続の迅速化（民間委託等）			○	○							○
法人設立手続の簡素化・迅速化		○		○							
総合保税地域の要件緩和				○				○			
労働規制改革（労働時間等）					○						
農業生産法人の要件緩和（出資等）								○			
その他		○	○	○				○		○	○

（注）◎：当初の区域計画に記載される見込みが高いもの、○：それ以外のもの。
（出典）「第５回国家戦略特別区域諮問会議配布資料」2014 年５月 12 日。

3　国家戦略特区の概要

指定された六区域

政府は二〇一三年八月から九月にかけてワーキンググループがまとめた規制緩和を具体化するプロジェクトを公募し、二〇一四年三月末に、東京圏、関西圏、新潟市、養父《やぶ》市（兵庫県）、福岡市、沖縄県の六区域を指定した。区域指定に合理的な基準は見られない。複数の都道府県にまたがる区域もあれば、一つの市や県もあり、規模は大きく異なる。

指定された六区域のGDP合計は日本全体の四割にも及ぶ(7)。もはや特区とは言えないし、試験的というにはあまりに影響が大きい。以下、「国家戦略特別区域及び区域方針」に基づき、詳しく見ていこう（表2－2）。

なお、二〇一四年七～八月に追加で提案募集を行った。今後、規制緩和のメニューや事業が追加されるとともに、新たに区域が指定される可能性もある。

①東京圏

第一回で指定された対象区域は、東京都の臨海部から内陸にかけての千代田区、中央区、港区、新宿区、文京区、江東区、品川区、大田区、渋谷区の九区と、神奈川県、千葉県成田市。「東京オリンピック・パラリンピックも視野に、世界で一番ビジネスのしやすい環境を整備することにより、世界から資金・人材・企業等を集める国際的ビジネス拠点を形成する」ことが目標である。

農業以外の規制改革メニューは、ほぼ網羅している。自治体ごとの提案やヒアリングの議事録からは、羽田空港の対岸にある神奈川県で先端医療、エネルギー、成田市で医学部の新設などの特徴が見られるが、「なんでもあり特区」と言ってよいだろう。

東京都の九区のうち文京区以外の八区はアジアヘッドクオーター特区にも該当し、外国人と外国企業誘致のための大規模な開発を続けてきているため、順当な指定だろう。とくに、入国管理局（羽田空港支局）

（7）内閣府「県民経済計算（平成二〇年度、二一年度、二三年度）」、内閣府経済社会総合研究所「平成二二年度県民経済計算年報」、兵庫県企画県民部統計課「平成二四年度市町内ＧＤＰ速報」。首都圏は東京都と神奈川県で算出。

がある大田区は、入国審査や在留資格要件の緩和のために指定が欠かせない(成田市が指定されているのも入国管理局(成田空港支局)があるからだろう)。文京区が指定されたのは、医療関係の企業や医学部を持つ大学が多いためではないだろうか。東京都として一括指定ではなく、九区に限定された理由について、産経新聞は以下のように報道した(二〇一四年四月一七日)。

「東京都については、政府は都全域の指定も検討したが、雇用や外国人労働者の受け入れなどの規制緩和に難色を示す自治体もあり、……九区だけを特区として、他の地域は指定を見送った」

この記事は、特区に指定されなければ雇用や外国人労働者の受け入れに対する規制緩和の影響を受けない印象を与える。しかし、雇用の規制に関する特定事業の内容や実施主体について定めるのは区域会議になる。区域会議で了承されれば、特区に手を上げている・いないに関係なく、国内どこでも外国人労働者が働けると考えるのが自然である。特区に指定されなければ影響を受けないとは、考えにくいのではないだろうか。

また、二〇一四年一〇月一日の東京圏の区域会議(第一回)に区域の拡大が盛り込まれ、都内全域が対象となる可能性が大きくなった。その前日に公表された東京圏の公募による区域会議のメンバーは、四〇名にも及ぶ。不動産開発や医療法人、大学などの関係者が目立つので、投資や医療による経済効果を狙っているものとみられる。

第一回の区域会議には、八名のメンバーに加え、副大臣、大臣政務官、大臣補佐官(各一名)、諮問会議有識者議員二名が出席した。区域計画を策定する重要な会議だが、民間公募のメンバーを含め、出席者はきわめて限定的である。国家戦略特区法第七条一項2には、関係する地方公共団体の長が区域会議を組織するとされている。だが、出席者は東京都知事と神奈川県知事と成田市長の三人のみ。特定事業者と呼ばれる民間公募メンバーも、不動産開発関係者一名と医療関係者三名だった。二三区の区長、横浜市と川崎市の市長は出席していない。バランスが悪く、公平感にも欠けている。

②関西圏

対象区域は、大阪府、兵庫県、京都府。「健康・医療分野における国際的イノベーション拠点の形成を通じ、再生医療を始めとする先端的な医薬品・医療機器等の研究開発・事業化を推進」するのが目標である。東京圏同様、計画されている規制改革メニューは、農業以外ほぼ網羅されている。区域会議メンバーに製薬会社や先端医療関係者（手代木功塩野義製薬社長、井村裕夫先端医療振興財団理事長）が入ったことが、大きな特徴だろう。また、唯一、公設民営学校が計画されている。おそらく、橋下徹大阪市長の考え方が影響しているだろう。「革新的医薬品、医療機器等の開発」や「国際ビジネスを支える人材の育成」が見込まれるという。

③新潟市

「地域の高品質な農産物及び高い生産力を活かし革新的な農業を実践するとともに、……農業の国際競争力強化のための拠点を形成する」のが目標である。農業に関する規制緩和のランドマーク的存在として指定されたと思われる。

区域計画や新潟市の提案には、農地取得への株式会社の参入、農業生産法人の活用、食品機能性表示制度の活用、農商工連携と六次産業化の推進などが謳われている。加えて、外国人材の受け入れ要件の緩和、総合保税地域の創設の提案もある。農地の集約による採算性の向上などの競争力強化に加えて、輸出食品の加工・販売も見越した提案と見るべきではないか。区域会議の構成員には農業法人関係者が入っている。

④養父市

「高齢化の進展、耕作放棄地の増大等の課題を抱える中山間地域において、高齢者を積極的に活用するとともに民間事業者との連携による農業の構造改革を進める」のが目的である。人口二万五七〇〇人の小規模自治体が指定されたことは注目に値する。シルバー人材センターを通じて、合法的に安い賃金で働く高齢者を農業の担い手とする提案が特徴だ。

シルバー人材センターは、高齢者が働くことを通じて生きがいを得るとともに地域社会の活性化に貢献する組織。原則として市区町村単位に置かれる社団法人で、それぞれが独立した運営をしている(8)。生きがいを得るための就業が目的で、「臨時」で「週二〇時間以内」という原則があるから、最低賃金法が適用されない。

この原則を緩和して、恒常的に週二〇時間以上働けるようにしようというのが養父市の提案だ。その場合、最低賃金法が適用されるかどうかがポイントだろう。仮に、シルバー人材センターを通せば最低賃金法が適用されないとなると、高齢者を安く働かせることができるわけで、シルバー人材センターが低賃金の高齢者の人材派遣会社のように使われる危険性がある。

⑤福岡市

「雇用条件の明確化などの雇用改革等を通じ国内外から人と企業を呼び込み、起業や新規事業の創出等を促進すること」が目標である。積極的に取り組もうとしているのが、外国人の出入国手続の迅速化や在留資格の緩和だ。在留資格要件に創業を新設、大学の専攻による在留資格の認定、卒業後の就職活動期間を最大二年間に延長、中小企業が外国人を雇用できる仕組みなどにより、外国人労働者の受け入れを促進し、年間新規雇用者数二〇万人を目指している。

豊富な留学生やアジアとのアクセスのよさを活かした提案だが、実現すれば留学生は自動的に長期的な在留資格を得られ、二〇万人のかなりの部分を占めるかもしれない。雇用は増えるかもしれないが、賃金が安く流動的な雇用や外国人労働者にとって代わられることも考えられる。

⑥沖縄県

「世界水準の観光リゾート地を整備し、ダイビング、空手等の地域の強みを活かした観光ビジネスを振興する」のが目標である。外国人観光客を二〇一二年度の年間三八万人から二〇二一年度に二〇〇万人へ増やすために、在留資格要件の緩和と手続きの簡素化、入管手続きの迅速化のための民間活用、カジノを含んだ沖縄統合リゾートなどが提案されている。二〇一四年九月一〇日～二四日に区域会議メンバーの公募が行われた。

（８）公益社団法人全国シルバー人材センター事業協会のホームページ。

規制緩和を強行する諮問会議と区域会議

国家戦略特区の大きな特徴は、前述した諮問会議と区域会議という民間有識者や事業者を中心とした意思決定機関を議会制民主主義の外側につくり、規制緩和の権限を与えていることだろう。

諮問会議は、国家戦略特区法第三〇条で、議長および議員一〇名以内と定められている。そして、「(第三二条)第一項第四号に掲げる議員(経済社会の構造改革の推進による産業の国際競争力の強化又は国際的な経済活動の拠点の形成に関し優れた識見を有する者)の数は、……議員の総数の十分の五未満であってはならない」(第三二条3)とされる。つまり、規制緩和を推進したい民間議員が常に過半数を占めるように定められているのである。この諮問会議は、基本方針、区域方針、区域計画の策定や改廃の権限をもつ。

一方、指定された各特別区域には区域会議が設置される。区域会議において特筆すべきは、大臣や地方自治体の首長とともに、区域内で「産業の国際競争力又は国際的な経済活動の拠点の形成に資すると認める特定事業を実施すると見込まれる者」(言い換えれば、規制緩和を用いた事業を行う者)を公募により選定して、構成員に加えられることだ(第七条2)。区域会議は、区域基本方針や区域方針によって区域計画を作成し、内閣総理大臣の認定を受ける。また、行った規制緩和の経済的社会的効果について評価項目を定め、評価し、評価書を取りまとめる(第一一条)。

竹中平蔵氏は「「区域会議」が全権をもって、やるべき規制改革などを決めることになり、いわばミニ独立政府だ」と言っている。(9) たしかに、そのとおりだ。規制緩和を行いたい事業者が区域会議の構成員になり、自ら不要な規制を取り払う提案を行い、事業主体となって事業を展開したのち、全国展開するかどうかに大きな影響を与える評価書を取りまとめるのだから。しかし、これでは利益相反の恐れが大いにあり、運用を厳しくチェックしなければならない。

❹ 規制緩和と既得権

全国展開を前提とした規制緩和の評価

規制は、政府やマスコミからは悪いものというレッテルが貼られているように思える。一方、規制緩和や規制改革（たとえば「国家戦略特区において検討すべき規制改革事項等」（二〇一三年一〇月、国家戦略特区ワーキンググループ）と言えば、時代に合わなくなった無駄な規制をなくす「良い」イメージになる。しかし、すべてが無駄で不要な規制とは限らない。労働規制は安定した雇用と適正な賃金を守り、環境規制は自然や命を守り、医療規制は適切な負担で安心して医療を受けられる医療保険制度を支え、教育規制は等しく教育を受ける権利を保障し、税制は公平な負担を担保する。

だから「規制の事前評価の実施に関するガイドライン」（政策評価各府省連絡会議了承、二〇〇七年八月二四日）は、規制を変更する前に事前評価し、結果を公表して国民の理解を得ることを求めている。圧倒的情報量と権限を持つ政府が、仮に国民生活に悪影響を与える規制緩和を進めたければ、その影響を過小評価するかもしれない。そうした恣意的な運用を抑止する意味で、規制の事前評価は非常に重要な役割をもつ。ところが、国家戦略特区法の成立に際しては、事前評価どころか、パブリックコメントさえ行われて

（9）「国家戦略特区をどう活かすか①」竹中平蔵のポリシー・スクール、二〇一四年一月八日。

いない。

特区で試験的に行う規制緩和は、効果があれば全国への展開が前提である。国家戦略特区は経済政策なので、効果の評価は経済効果を表す重要業績評価指標（KPI＝Key Performance Indicators）で測られる。国家戦略特別区域基本方針は、効果の評価は構造改革特区にならって行うとしている。

構造改革特区の評価には、明確な弊害が確認されなければ全国的に運用するという原則がある（構造改革特別区域基本方針、二〇〇三年一月二四日閣議決定、二〇一四年四月二五日最終改正）。しかも、弊害の立証責任を規制省庁に課すことで、規制緩和したい事業者に「弊害がないこと」の立証責任を負わせない仕組みなのである。

前出の八代氏自身が著書でこう述べている。

「最初の特区が認定を受けた二〇〇三年四月から一年を経たものについて、約半年間の評価作業の結果、『弊害あり』とされえたものは皆無であった。しかし、規制担当省庁からは、『弊害を立証するためには時間不足』という評価が相次いでおり、『どの程度の期間が特区の評価に必要か』が新たな検討課題となっている。これには事業の対象数が少なすぎるとか、事業の性格上、半年間ではなく、一シーズンとして一年間が必要とか、合理的なものもあるが、少なくとも三〜六年間を要するというものもあった」(10)

規制緩和を進める側が「どの程度の期間が特区の評価に必要か」を検討課題としているにもかかわらず、国家戦略特区では評価は一年ごととなっている。拙速な評価方法と言わざるを得ない。

既得権者とは国民だった

規制緩和は、規制を「悪」と位置づけ、既得権者をターゲットに進められる傾向がある。安倍晋三首相は二〇一三年七月、シンガポール国立大学東南アジア研究所が主催した「シンガポール・レクチャー」と呼ばれる講演会で、こう発言した。

「必要なのは、規制の大胆な改革です。TPP交渉のような、外部からの触媒です。国境を越え、経済圏をまたいだ、ダイナミックな、『競争』と『協調』による、新しい付加価値の創造です。そしてそれには、既得権益に立ち向かう、強い政治力を必要とします[11]」

では、アベノミクスがターゲットにする既得権益とは何で、既得権者とは誰なのだろうか。

二〇一三年七月五日に行われた国家戦略特区ワーキンググループの有識者等からの集中ヒアリングで、安念潤司氏（中央大学大学院教授）は、次のように述べている

「例えば大企業のホワイトカラーなどというのは、大金持ちではないけれども、雇用慣行という既得権によって守られている。これは新規参入もあるし、大金持ちになるわけでもないという洗練された既得権である。……そこを破ろうとすると、極めて多くの人が既得権者であるから、まず第一に反対するし、かつ、かわいそうなのである。……日本の既得権の体系というのは、大きくてかたくて崩しにくいのではない。細かいから崩しにくい。別に誰かが考えてそうしたのではないと思うが、何となく日本人の国民性に

（10）八代尚宏『「官製市場」改革』日本経済新聞社、二〇〇五年。
（11）http://www.kantei.go.jp/jp/96_abe/statement/2013/0726speech.html

ずっと合っているのではないだろうか。だから、崩れない、崩せない。それは、既得権者はみんな悪党ではなく、ごくごく善良な市民だからである」(12)

ここでの既得権者とは、多くの働く国民なのだ。

そして、安倍首相は二〇一四年一月二二日の世界経済フォーラム年次会議(スイス・ダボス)で、こう語った。

「既得権益の岩盤を打ち破る、ドリルの刃になるのだと、私は言ってきました。春先には、国家戦略特区が動き出します。向こう二年間、そこでは、いかなる既得権益といえども、私の『ドリル』から、無傷ではいられません」(13)

本来、規制こそ国民を守るための岩盤なのではないだろうか。だが、私が出席したある大学院の授業で、自民党の国会議員が「国民生活を守ることと規制緩和による利潤追求はトレードオフの関係にある」と指摘した。規制緩和を追求すれば国民生活を犠牲にせざるを得ないと、彼らは考えているのだ。

ドリルで壊された既得権はどこへ

安倍首相は、規制をドリルででも壊したいから、国家戦略特区で無理に突破するというわけだ。カナダのジャーナリスト、ナオミ・クラインは『ショック・ドクトリン』で、惨事につけこんで公共システムが市場原理にのっとられていく様子を描いた。(14) 前述の有識者等からの集中ヒアリングで、安念氏はこのショック・ドクトリンに通じる発言をしている。

「平時であれば絶対に法制審(法務省の法制審議会、筆者注)をスキップすることはできない。なぜできたかといったら、火事場だったからである。つまり、今も火事場だという認識をつくる必要がある。だから、平常のルーチンはスキップさせてもらいますと、これはとても重要だと思う」

火事場だという認識をつくってでも、平常のルーチン（すなわち通常の法令手続き）をスキップさせようというのは、法治国家の根幹を揺るがす発言だ。国家戦略特区ワーキンググループの議論からは、通常の法令手続きをいかに簡略化して突破するかという意図が明確に伝わってくる。

では、規制をドリルで壊した結果、既得権はどこへいくのだろうか。安念氏は、ホワイトカラーの雇用慣行を既得権と呼ぶ。いったん採用すればなかなか辞めさせられないから、正規社員を雇わなくなり、新規学卒者の採用が見送られて、若年失業率が高まる。解雇規制を緩和すれば、新規学卒者、パートタイム労働者、失業者の就労機会が増えるというのが、彼の理屈だ。

しかし、ホワイトカラーの雇用慣行と言う「既得権」がなくなっても、新規学卒者、パートタイム労働者、失業者の利益が増えるわけではない。企業は人件費を必要に応じ調整できるようになるから、企業と株主の利益に移行するにすぎない。

(12) http://www.kantei.go.jp/jp/singi/tiiki/kokusentoc_wg/hearing_y/annen_gaiyou.pdf
(13) http://www.kantei.go.jp/jp/96_abe/statement/2014/0122speech.html
(14) ナオミ・クライン著、幾島幸子・村上由見子訳『ショック・ドクトリン――惨事便乗型資本主義の正体を暴く（上・下）』岩波書店、二〇一一年。

5 結局、誰のためなのか

利益は多国籍企業へ

「日本再興戦略」(二〇一三年六月一四日閣議決定、二〇一四年六月二四日改訂)には「投資」という言葉が一一三回も繰り返されている。そして、「二〇二〇年までに外国企業の対内直接投資残高を三五兆円に倍増する(二〇一三年末時点一八・〇兆円)」「三年間でリーマンショック前の設備投資水準七〇兆円/年を回復する(二〇一三年度六六・九兆円)」といった項目が並ぶ。

たとえばアジアヘッドクオーター特区では、国際総合特区の優遇策を使い、大規模な施設整備が進行中だ。丸の内・大手町、豊洲・有明・お台場、渋谷駅周辺、品川駅・田町駅周辺など、都心の一等地、新駅設置やオリンピック需要が見込まれる地域を中心に事業展開する法人には、法人事業税・不動産取得税・固定資産税・都市計画税などの減免や利子補給といった、きわめて好条件の優遇策が講じられている。

こうした優遇策を受けるためには、多国籍企業との共同事業で事業実施期間に資本を五億円以上増加させる見込みがあるなど、特定多国籍企業による研究開発事業等の促進に関する特別措置法(アジア拠点化推進法)に基づいた認定を受けなければならない。だが、税財政優遇措置を講じて利子補給した多国籍企業が、オリンピック終了後の日本に再投資する保証はどこにもない。

さらに、認定要件には三~五年という短期の計画期間が求められている。税金を使って資金調達の便宜を図る一方で、法人税の所得控除、法人事業税や固定資産税などの地方税の全額免除によって、税収は確実に減る。大田区は五年を過ぎれば税収増が期待できるとしているが、東京都は税収に関する試算を行っていない。しかも、六年目以降の拘束はない。多国籍企業とのベンチャー企業が三～五年で確実に儲けたら、あとはご自由にという、優遇策なのである。

国家戦略特区の主役は民間企業・民間事業者

国家戦略特区は内閣総理大臣主導で進む中央集権をアピールしている。構造改革特区の地方分権から中央集権に舵を切ったのかと思いきや、実際には権限は国ではなく、諮問会議と区域会議に委ねられた。国の持つ権限が民間事業者に移譲され、地方分権ならぬ企業分権になってはいないだろうか。

新地方分権構想検討委員会委員長を務めた神野直彦氏（東京大学大学院教授）は、おおむね次のように指摘している。

「改革で重要なことは、目的を見失わないことである。日本国民が分権社会を目指したのは、一九九三年の国会決議にさかのぼる。その目的は、ゆとりと豊かさを実感できる社会を実現することにあった。それは、日本社会の目標について、成長優先から生活重視へと転換することを意味していた[15]」

地方分権は、「ゆとりと豊かさを実感できる社会を実現すること」にあり、そのためには、「成長優先から生活重視へと転換する」はずだった。国の持つ権限を地方に移譲することが最終目標ではなく、住民の声を政策に反映できてはじめて分権が確立すると言うべきだろう。国民は、地方分権に際して真に「民」

(15) 神野直彦「地方財政分権化のアジェンダ」『ＲＰレビュー』二〇〇七年一号。

（国民・住民）への分権を期待した。だが、現在の政府が考える「民」は大きく異なる。しかも、生活重視から成長優先へと逆戻りした。以下の安倍首相の答弁（二〇一三年一一月二〇日、衆議院内閣委員会）は、それを象徴している。

「この特区の主役は民間でありますから、民間の企業、あるいはビジネスをする人々がそうしたビジネスをしやすい環境をつくっていくために、規制改革等を総合的、集中的に実施していく、これが国家戦略特区の目指すところであります。世界で一番ビジネスがしやすい環境を創出して、民間の活力を引き出していくということでありまして、事業や投資の推進役はあくまでも民間事業者であって、国の役割は規制改革などの環境整備に努めていくことであろう、こう考えております」

国家戦略特区の主役は民間だという。そこで意味する「民」とは、国民・住民ではなく、民間企業・民間事業者である。

「国家戦略特区を内閣総理大臣がトップダウンで進め、国全体の改革のモデルとなる成功例を創出していくことが重要である」（「日本再興戦略」）

地方分権とはまったく逆の方向にアクセルが踏まれた。議会制民主主義の外側に意思決定権を与えた国家戦略特区は、規制緩和による国民生活への影響だけでなく、議会制民主主義の形骸化という日本の統治機構の崩壊につながる重大な問題だ。

いま、国民主権が試されている。

第3章　国家戦略特区と住民自治

新里　宏二

❶ 私の視点

国家戦略特区と住民自治について論じる前提として、私の基本的視点を述べておきたい。

私は一九八三年以来、宮城県仙台市で弁護士活動をしている。高金利・過剰与信(1)・過酷な取り立てによる多重債務被害の救済活動を行い、二〇〇六年の貸金業法改正に際しては現場の声を反映させるべく取り組み、広範な市民運動によって、グレーゾーン金利を含む金利規制、所得の三分の一を超える貸し付けの禁止(総量規制)などを勝ち取った。その後、多重債務の背景となった貧困問題に取り組み、現在ではブラック企業被害対策弁護団の副代表を務めている。

(1) 支払い能力を超える貸し付けをいう。貸金業法改正前は、貸金業規制法第一三条で過剰貸付の禁止という規定が存在したが、訓示規定とされ、実際には機能していなかった。

この間、労働法制の規制緩和が大量の非正規雇用を生み出し、新卒正規労働者に「若者の使いつぶし」に象徴されるブラック企業問題を発生させてきた。その背景にあるのは、一九九五年に日経連(日本経営者団体連盟)が提案した「新時代の『日本的経営』――挑戦すべき方向とその具体策」である。これによって、①ごく一部の管理職・総合職などの長期蓄積能力活用型グループ、②企画・営業・研究開発などの高度専門能力活用型グループ、③一般職・技術部門・販売部門などの雇用柔軟型グループに分化され、②と③は有期雇用、派遣労働に置き換えられていく。

その後、有期雇用期間が延長され、労働者派遣が原則解禁に向かう。グローバル資本主義のもとで、労働法制の規制緩和が、安い賃金による企業のコストカット策として利用されるようになった。その結果、非正規労働者は二〇一三年に雇用人口の三七%に達する。

非正規労働者の増加は、正規雇用の劣化を惹起させる。大学新卒者は何とか正規雇用を目指し、そこにつけいるのがブラック企業である。大量に新卒者を採用し、長時間労働やパワーハラスメントなどで労働者を追い込み、大量の退職者を生み出していく。精神疾患に見舞われ、希望に満ちた人生を自ら断つ者さえ現れた。

「世界で一番企業が活躍しやすい国を目指す」と施政方針演説(二〇一三年二月二八日)で述べた安倍晋三首相は、一四年一月の世界経済フォーラム年次総会(ダボス会議)では、こう発言した。

「既得権益の岩盤を打ち破る、ドリルの刃になるのだと、私は言ってきました。春先には、国家戦略特区が動き出します。向こう二年間、そこでは、いかなる既得権益といえども、私の『ドリル』から、無傷ではいられません」

ここでいう「岩盤」を打ち破るドリルの向こうには、労働法制のいっそうの緩和が予定されている。だが、消費が伸びないのは労働者が消費にまわすお金がないからだ。また、安倍首相は少子化対策を声高に叫ぶが、雇用が安定しなければ、結婚して子どもを生み育てることはできない。国家戦略特区を利用したいっそうの労働法制の緩和によって、「世界で一番企業が儲かりやすく、世界で一番労働者の生活が脅かされる国」が出現してしまう。

❷ 地方自治の本旨と住民投票

日本国憲法は第八章「地方自治」に四条を設けている（第九二条〜第九五条）。

「第九二条［地方自治の基本原則］地方公共団体の組織及び運営に関する事項は、地方自治の本旨に基づいて、法律でこれを定める。

第九五条［特別法の住民投票］一の地方公共団体のみに適用される特別法は、法律の定めるところにより、その地方公共団体の住民の投票においてその過半数の同意を得なければ、国会は、これを制定することができない」

地方自治の本旨は住民自治と団体自治といわれ、地方の行政は原則として地方の住民自らの責任と負担において、地方公共団体の事務として処理されなければならない。これについて、東日本大震災の被災地・宮城県の現状から考えてみたい。

ひとつは巨大防潮堤の問題だ。岩手・宮城・福島の被災三県で整備予定の防潮堤は、総延長三八六キロに及び、各地で工事が本格化している。宮城県最大の防潮堤は気仙沼《けせんぬま》市本吉《もとよし》町小泉地区で、海抜一四・七メートル、最大幅九〇メートルの台形型の計画だ。宮城県は二〇一三年一一月の住民説明会で住民の賛成を得たとするが、一四年七月に開催された検討会では賛成・反対両派から激しい応酬があったという。

巨大防潮堤に対しては、各地で住民の合意に基づいていないとして、反対の声が上がっている。これは県の事業であり、法的には住民の同意を必要としていない。しかし、住民の意見を吸い上げる仕組みをつくらなければ、真の復興はありえない。被災地では、いま住民自治が問われている。

一方、住民参加によって早期に集団移転が実現したケースもある(「被災した岩沼市の集団移転、速さの背景に『信頼関係』」『日本経済新聞』二〇一三年九月一三日)。岩沼市は二〇一一年六月に、外部有識者を交えて住民と「玉浦西地区まちづくり検討委員会」を組織化。六地区から三人ずつの住民代表が参加し、毎月平均二回前後、土地の利用計画や区割り、公共・公益施設の整備方針といったテーマをワークショップ形式などで検討した。住民代表は「『町内会長などの地域のまとめ役』『主婦層』『若手層』と、年齢層や性別に幅をもたせて選出してもらった」という。

こうして熟議を重ね、結論を出していった。隣の名取市は、壊滅的被害を被った地区の区画整理事業を市長のトップダウンで行おうとしたが、多くの市民からの反発によって進んでいない。岩沼市の取り組みは、住民参加・住民自治が成功を収めた典型例であろう。

また、第九五条で特別の手続きを設けた理由は、こう述べられている。(2)

「第一に、特定の地方公共団体のみに適用される特別法を制定することは地方公共団体の平等性を侵害することとなること、第二に、その法律は、内容によっては、その地方公共団体の権能又は住民の権利や福祉を左右する恐れがあることにかんがみ、その住民に対して、国会の議決したその法律を承認すべきかどうか決定せしめることが、『地方自治の本旨』に合致するものであるとしたのである」

これについて以下の例で考えてみよう。東日本大震災によって壊滅的打撃を受けた宮城県の漁業の復興のため、地元の漁協に認められている漁業権と同等の漁業権を民間企業にも与えるという法律をつくるとする。それによって地元漁協の権利が侵害され、浜と漁業者が分断され、コミュニティが崩れ、復興の妨げになる可能性がある。漁協の権利侵害や平等原則違反などが考えられよう。だからこそ、宮城県民による住民投票によって判断する。これが地方自治の本旨であろう。

しかし、実際には、東日本大震災復興特別区域法による特区制度に基づき、宮城県は水産業復興特区の認定を受け、漁協の同意もなく、住民投票を行うこともなく、規制緩和が堂々と行われたのである。これは、特区という手段が住民投票という住民自治の制度をないがしろにできることを物語っている。

この第九五条については、沖縄から今日的意味が問い直された。米軍楚辺《そべ》通信所用地等暫定使用違憲訴訟においてである。同訴訟は「ゾウの檻訴訟」とも言われる。ゾウの檻と呼ばれる米軍の楚辺通信所用地（読谷村《よみたん》）は駐留軍用地特措法によって強制収用され、賃貸借契約に基づいて日本政府が地元地主から賃借し、在日米軍の用に供していた。これらの期限が満了し、地主が土地の返還を求めたところ、政府は急遽同特措法を改正して土地の使用を可能とし、法律成立まで三八九日間も不法占有を続けたのである。

原告側は「一般の法律とは違った特例を特定の地方公共団体だけに適用することによって、住民の不利益を生ずる不平等な扱いが住民の意に反してなされないようにするということにあることからすれば、当

（２）佐藤功『日本国憲法概説（全訂第五版）』学陽書房、一九九六年、四一二ページ。

該立法が適用されることによって特定地域住民に不利益を負う場合には、地方公共団体の組織、権限、運営についての特別立法がなくても、立法に際して住民投票を実施すべきある」と主張し、住民投票がなされていないから、憲法第九五条に反し違憲であると主張した。これに対して、那覇地裁は、「改正特措法は、一の地方公共団体の組織、運営又は機能について他の地方公共団体と異なる定めをした法律ではないという点と、同法が一般的・抽象的性格を有しており、沖縄県にのみ適用される特別法になっていないという点から、憲法第九五条にいう特別法に該当しない」として、原告の主張を退けた(那覇地裁二〇〇一年一一月三〇日判決(3))。

判決では退けられたものの、憲法第九五条の今日的意味を確認する必要がある。宮城県の水産業復興特区のケースで論じたように、国家戦略特区が第九五条を回避する方策として利用されている現実を前に、住民自治の復権をどうしたら果たせるか検討しなければならない。

3 国家戦略特区と住民自治

すでに述べたとおり、地方自治の本旨は住民自治と団体自治である。小泉政権での構造改革特区、菅政権での総合特区はボトムアップ型で、地方が必要とする特区構想を国へ提案するという形式をとっていた。しかし、国家戦略特区は「産業の国際競争力を強化するとともに、国際的な経済活動の拠点を形成することが重要であることに鑑み」(国家戦略特区法第一条)とされ、地域の活性化は政策目標とされていない。特区での成功を日本全体に広げる方針であり、特区はアベノミクスの壮大な実験場と化す。

そして、「世界で一番企業が活躍しやすい国を目指す」ために、国家戦略特区で外国企業や大手企業の投資を誘発し、人件費を抑えて思う存分稼ぎやすい環境をつくり出す。だから、労働規制の緩和なのである。海外からの研修生名目の労働者の採用によって、雇用環境はさらに悪化する。一方で、特区の住民は不利益を被ることになりかねない。

では、国家戦略特区でのプレーヤーは誰なのであろうか。国家戦略特区法を見ていこう。

「内閣総理大臣は、国家戦略特別区域諮問会議の意見を聴いて、国家戦略特別区域基本方針の案を作成し、閣議の決定を求めなければならない」（第五条３項）。その区域方針を定めるのは内閣総理大臣とされる（第六条１項）。そして、国家戦略特別区域担当大臣と関係地方公共団体の長で国家戦略特別区域会議が組織される（第七条１項）。さらに、内閣総理大臣は特別区域内で「産業の国際競争力の強化又は国際的な経済活動の拠点の形成に特に資すると認める特定事業を実施すると見込まれる者」を国家戦力特別区域会議の構成員に加えるものとする（第七条２項）。「国家戦略特別区域担当大臣及び関係地方公共団体の長は、必要と認めるときは、協議して」、国の関係行政機関の長や区域計画などの実施に関し密接な関係を有する者を同会議の構成員とすることができる（第七条３項）。

「国家戦略特別区域会議において協議が調った事項については、その構成員は、その協議結果を尊重しなければならない」（第七条６項）。「区域計画は、国家戦略特別区域会議の構成員が相互に密接な連携の下に協議した上で、国家戦略特別区域担当大臣、関係地方公共団体の長……の全員の合意により作成するも

（３）水島朝穂「第七回地方自治特別法の意味―第九五条」。また、小林孝輔・芹沢斉編『基本法コンメンタール憲法第五版（別冊法学セミナー）』日本評論社、二〇〇六年、四三二ページ、参照。

のとする」（第八条6項）。

これらの条文から、内閣総理大臣主導が明白である。法制度上は、国家戦略特区の住民は意見を言う機会がまったく担保されていない。議会も同様である。関係地方公共団体の長は構成員となってはいるものの、民間からの構成員など特区推進派が参画する人員構成であって、反対住民の意思が反映される構造には一切なっていない。

そもそも、これまでの構造改革特区、総合特区、東日本大震災復興特区においても、住民の意見を反映させる制度的保障はなかったと言ってよい。制度改悪の恐れがあるにもかかわらず、ことさら特区を利用して意識的に住民自治をないがしろにしてきたというのが、国の一貫した方向であったと言えよう。

4 国家戦略特区に住民自治の考えをどう活かすか

第一に、憲法第九五条との関連である。住民自治の復権の観点からも、国家戦略特区法に憲法第九五条を適用する可能性を探るべきだ。そのメルクマールは、住民自治の保障の趣旨からすれば、前述の那覇地裁判決における「駐留軍用地特措法は一の地方公共団体の組織、運営又は機能について他の地方公共団体と異なる定めをした法律ではなく、同法が一般的・抽象的性格を有しており、沖縄県のみに適用される特別法になっていない」という形式的な理由ではなく、実質論として「当該立法が適用されることによって、特定地域住民が不利益を負う場合」には第九五条の適用がありうるという方向で、再構成する必要があろう。

政治的・市民運動的にも、国家戦略特区が憲法で保障された住民自治、さらに憲法第九五条の精神に反しているという問題提起は、一定のインパクトをもつであろう。

第二に、条例制定の直接請求・住民投票条例である。地方自治法第七四条は、選挙権を有する者すなわち住民が条例の制定または改廃の請求をすることができると定める。地方議会においても選挙で選ばれた議員が議会において条例を制定すること(間接民主制)となっており、それを補完するものとして認められているのだ。とくに、首長選挙や議員選挙時に争点となっていなかった事項について、議会に白紙委任したことにならないことから、間接民主制と両立する制度である。

その手続きは、地方公共団体の選挙権を有する総数の五〇分の一以上の連署をもって、その代表者から、地方公共団体の長に対し、条例の制定または改廃を請求できるとする(1項)。請求があった場合、地方公共団体の長は直ちに請求の要旨を公表しなければならないとされ(2項)、請求を受理した日から二〇日以内に議会を召集し、意見をつけて議会に付議し、その結果を代表者に通知し、公表しなければならないとする(3項)。議会が付議された事件の審理を行うにあたっては、代表者に意見を述べる機会を与えなければならないとする(4項)。なお、議会が条例制定を否決すれば、争うことはできない。

直接請求の一形態として、住民投票条例を求めることも可能である。つまり、国家戦略特区採用の是非について、住民投票を行うという主旨の条例制定請求である。また、個別政策についての住民投票条例だけでなく、常設型の住民投票条例を採択している市町村もある(二〇一三年三月三一日現在、五三市町村)。そこでは、その要件にあたる住民の連署によって住民投票の実施を求めることになる。

今後、国家戦略特区に指定された市町村で、住民の意思を反映させる取り組みの進展を期待したい。

第三に、選挙での争点化である。二〇一四年二月の東京都知事選挙では、「アベノミクス、安倍首相の暴走をストップ」を掲げ、国家戦略特区構想についても一定の争点化が行われた。その結果、問題点が住民に理解される端緒となったと言えるだろう。

自民党一人勝ちの現状で衆議院選挙が政治日程にすぐには載ってこないとすると、二〇一五年春の統一地方選挙が、国家戦略特区に手を挙げた市町村、およびその計画がある市町村の住民の意思を示す大きな機会となる。そこで問題点をあぶり出し、反対する議員を多く当選させる必要がある。

たとえば原子力発電所の再稼動反対と即時廃止については、地方議会議員、その候補者によるネットワークが形成されている。ＴＰＰ（環太平洋戦略的経済連携協定）についても活発な反対運動が行われてきた。国家戦略特区はＴＰＰの前倒しとも言われている。ＴＰＰ交渉で米国が要求する規制緩和策や非関税障壁の撤廃を前倒しにする側面をもつからである。

ところが、国家戦略特区については反対運動が盛り上がっていない。その背景には、十分な情報公開がないなかで、既得権益の岩盤を打ち破れば新たな経済成長が起こり、暮らしがよくなるという、政府のみならずメディアも含めた誘導があるように思えてならない。

繰り返しになるが、一九九〇年代以降の労働関連の規制緩和が不安定雇用と低賃金を生み出した。それによって大企業が内部留保を溜め込んで格差が拡大し、日本の消費支出が低下し、デフレ現象を惹起したのではないのか。規制緩和が日本の暮らしにどのような影響をもたらすのか、注意深く観察し、情報を発信していかなければならない。

第4章　ルールなき雇用社会は許せない

東海林　智

❶　厚労省官僚の嘆息

「そもそも、特別に規制を緩和する特区というやり方を雇用分野に持ち込めるものかというのが大問題なんですよ」

安倍政権の国家戦略特区構想に、医療や農業などと並んで労働が中心的な課題として取り上げられ、検討が進んでいるころ、厚生労働省（以下、厚労省）官僚の反応を探ると、深いため息とともにそう洩らし、その顔は明らかに困惑していた。

無理もない。「岩盤規制に穴を開ける」と勇ましく公言する安倍晋三首相。労働分野においては、〝岩盤規制〟とはどう考えても労働者保護ルールそのものだ。産業や業界を保護する規制とは訳が違う。労働者（人）を守る規制なのだ。煎じ詰めれば、医療や農業の分野もそう言えるだろう。厚労省官僚の嘆息は、ルールをねじ曲げなければできないような特区が押しつけられることへの懸念であろう。そして、その懸念は的中する。

たとえば、国家戦略特区の当初案には、事務系労働者を労働時間の規制から除外する「ホワイトカラー・エグゼンプション」(WE)[1]などが含まれていた。これは、第一次安倍政権の二〇〇六年に導入が検討され、「残業代ゼロ制度」「過労死促進制度」とさんざん批判を浴び、法案までつくりながら国会提出を断念した、いわく付きの制度だ。

このとき、内閣の命を受けて法案までつくった厚労省だから抵抗がないかと言えば、そうではない。指示されれば、役人としては、法改正をやらざるを得ない。だが、特区となれば話は別だ。特区は法改正を行わずに〝特別〟に制度を導入することになる。労働基準法に位置づけられる労働時間制度を、対象を限定するとはいえ、特区でだけ除外することになる。

言うまでもなく、労働基準法は働くうえでの最低限のルールを定めている。たとえ、使用者と労働者の合意があったとしても、労働基準法以下の契約内容は許さない強行法規だ。特区だからと言って認めれば、最低基準の底が抜けてしまう。労働基準法の適用が全国一律でなければならないのは当然だし、企業からしても〝公正な競争〟にならないだろう。それを阻害するような事態は、やはりプロの行政マンとしては受け入れ難い。厚労官僚とは取材で激しくやり合うこともあるが、官僚としての矜持を感じる場面だ。

この事例でもわかるように、雇用の特区は、かろうじて労働者を守っている最低基準を底抜けにする。言い換えれば、労働者の犠牲のうえに成長戦略を描こうというものだ。もちろん、あげられた制度が果たして成長戦略と言えるシロモノなのかという問題は別にある。ここでは雇用特区案がどのように変遷し、国家戦略特区法に位置づけられた雇用関連部分はどのような問題をはらむかを記したい。

安倍政権下では、矢継ぎ早に雇用政策を扱う会議がつくられてきた。経済財政諮問会議、日本経済再生本部、産業競争力会議、規制改革会議だ。このうち、産業競争力会議には「雇用・人材分科会」（主査・長谷川閑史武田薬品工業社長）と国家戦略特区ワーキンググループ（座長・八田達夫大阪大学名誉教授）が置かれ、規制改革会議には雇用ワーキング・グループ（座長・鶴光太郎慶応大学教授）が置かれている。

これらの会議は、経営者や学者などの有識者で構成され、労働者を代表するような人物は見当たらない。雇用規制の緩和を議論する場に労働者代表がいないのでは、〝八百長相撲〟のようなものだ。ＩＬＯ（国際労働機関）は、労働立法などの政策立案の際には、政府（公益）、労働者側、使用者側で議論する三者構成主義を強く推奨している。つまり、国際的な潮流から見ても不公正なやり方で決められているのだ。

もちろん、法改正などを伴う場合、厚労省の諮問機関である労働政策審議会[2]で審議され、法案の建議が出されるわけだが、あらかじめこうした会議の「結論」を押しつけられるのだから、形ばかりのものになってしまう。日弁連は二〇一三年七月一八日の「日本再興戦略」に基づく労働法制の規制緩和に反対する意見書で、手厳しく批判している。

（1）除外によって、勤務時間に裁量を持ち、柔軟に働くことができるとされる。一方で、残業代がなくなり、長時間労働も是正されないという批判がある。
（2）公益委員・労働者側委員・使用者側委員の三者で構成される。新たな労働立法や労働政策を実施する際、諮問を受けて審議を行い、方向性を示す建議をまとめる。労働政策を立案する際、公正な検討が行われるよう、ＩＬＯが強く推奨している。

「規制改革会議や産業競争力会議は、資本家・企業経営者とごく一部の学者のみで構成されており、労働者を代表する者がまったく含まれていない。このような偏った構成で雇用規制の緩和を議論すること自体が不公正であり、ＩＬＯが労働立法の根本原理として推奨している政府・労働者・使用者の三者構成主義にも反する」

厚労官僚のぼやきを紹介したが、これらの会議を取り仕切っているのは経済産業省(以下、経産省)だ。経産省が取り仕切ることがおかしいとは言わないが、雇用問題を検討する部会でも労働行政を所管する厚労省は事務方からはずされている。労働問題の担当省庁が議論に関与できないでいるのだ。そういう意味では、厚労省も結論を押しつけられ、実行を迫られているとも言える。労働の専門スタッフがいないところで議論が進められてきたのだ。

学者は入っているが、森岡孝二関西大学名誉教授(企業社会論)は「労働法や労働問題に知悉した学者はメンバーに入っていない。だから、現場を知らない提案が出てくるのだ」と批判する。「なぜ、厚労省をはずすのか」と経産省の官僚に聞くと、こう不機嫌に答えた。

「経済戦略が中心だからだ。労働法に関する疑問があれば、そのつど、厚労省に相談したりヒアリングもやっている」

要するに、雇用の現場や労働法とは別の次元で自由に議論したいということなのだろう。そういう意味では、たしかに〝自由〟な提案がなされている。

それは言いすぎだと言う人がいるかもしれない。しかし、これらの会議では、法を無視したような提案や発言が相次いでいる。たとえば、産業競争力会議の「雇用・人材分科会」は二〇一三年三月一五日に出したペーパーで、「解雇の事前的金銭解決」を提案した。再就職を支援する金を出せば自由に解雇できるというものだ。先進国で、こんな制度は聞いたことがない。特殊なルールである。ペーパーを出した際、長谷川社長は「民法にある解雇自由の原則を労働契約法にも明記すべきだ」と言っている。これは労働法の否定にほかならない。

労働問題に関しては、契約当事者である経営者と労働者の力関係が違いすぎるため、「契約自由の原則」に任せて放置しておけば、不利な契約や奴隷契約がまかり通ってしまう。それを修正するためにつくられたのが社会法である労働法だ。それを否定する。時計の針を一九世紀に逆戻しにするような話だろう。この提案は最終的には引っ込めることになるが、法などあってなきがごとくの緩和論が次々と出てくる。

2　雇用に大きく影響を及ぼす労働契約法の修正

これらの会議の提案や議論は、雇用規制の緩和を経済成長の手段とする点で通底している。その最たるものが国家戦略特区構想だ。総務省はホームページで、国家戦略特区の基本的な考え方として「世界で一番ビジネスのしやすい環境をつくることを目指し（中略）総理主導の下、大胆な規制改革などを実現するための突破口となるものとする」と表明している。その結果、国家戦略特区のワーキンググループ（以下、ワーキンググループ）から出てきた構想は、たしかに大胆だった。二〇一三年九月二〇日に公表された雇用特区の検討状況で示されたのは、以下の三点などである。

①【有期雇用】契約締結時に、労働者側から五年を超えた際の無期転換の権利を放棄することを認める

（労働契約法第一八条の修正）。

②【解雇ルール】契約締結時に、解雇の要件・手続きを契約条項で明確化できるようにする。仮に裁判になった際、契約条項が裁判規範となることを法定する（労働契約法第一六条の修正、特区内で定めるガイドラインに適合する契約条項に基づく解雇は有効となる）。

③【労働時間】年収など一定の要件を満たす労働者が希望する場合、労働時間・休日・深夜労働の規制をはずして労働条件を定めることを認める（労働基準法第四一条の適用除外）。

雇用特区の構想はこのあとでさまざまな批判があって迷走し、①と②だけが残る（①は専門的知識等を有する有期雇用労働者等に関する特別措置法、②は国家戦略特区法第三六条1項）ことになる。この構想がワーキンググループの原点でもある。

この構想が公表された際、厚労省の見解も併せて公表されたので紹介したい。まず、厚労省は総論部分で「雇用は特区になじまない」と突き放したうえで、「雇用ルールは労使間で協議することが求められており、労政審の審議が必須」といういきわめて原則的な立場を強調した。丁寧な言い方ではあるが、「乱暴な内容を乱暴に決めた案は実行できませんよ」と全面的に突き返したと言ってよいだろう。これに対してワーキンググループは「特区になじまないと言ったら、およそ特区は成立しない」と強気に反論したが、いかにも分が悪い。

後日談ではあるが、ワーキンググループの案を入手したとき、厚労省のある幹部は青ざめた。どれ一つ「できます」と返答できる内容ではなかったからだ。だが、安倍首相の肝いりの国家戦略特区である。ゼロ回答はしたくない幹部が、「何かできないのか」と言うことが予測できた。予想どおり、「ひとつぐらいできることはないのか」とある幹部は叫んだという。しかし、できないものは、やはりできない。国家戦略特区案を厚労省が押し返す形になった。

もちろん、厚労省以外からも批判が相次いだのは言うまでもない。日本労働弁護団のある弁護士は、こう断じる。

「およそ、少しでも労働法を学んだことがある人ならば、誰でもこの提案がむちゃくちゃであることがわかりますよ」

紹介した検討状況に記載された内容は、後の国家戦略特区法で、一見してかなり後退した内容に変わっている。前述したうち①と②が残り、③は消えて、内容も穏やかに見えるものになった。しかし、国家戦略特区法では後退しても、いずれの提案も引き続き検討し、法改正につなげるように指示されている。国家戦略特区には持ち込まないものの、消えてなくなったわけではない。そのまま実現すれば、今後の雇用に大きく影響を及ぼすことは必至である。そこで、具体的な問題点を指摘したい。

3 ますます解雇しやすくなる

これら三つのテーマのうち、国家戦略特区法に丸々乗っかったのは②の【解雇ルール】だ。同法では「特区内事業主に対する労働関係紛争防止のための援助と雇用指針の作成」（第三六条1項、2項）とされ、国が国家戦略特区内で新たに事業を始める事業主に、個別労働紛争（解雇をめぐるトラブル）を防止するための情報提供、相談、助言などを行う。

これらのもとになるのは、雇用管理や労働契約について、過去の解雇に関する判例などを分析、分類してつくる指針(ガイドライン)だ。つまり、ガイドラインで解雇ルールを明確化するのが狙いである。解雇ルールと書いてしまうと刺激が強すぎるので、「雇用指針」などともってまわった書き方をしているが、ワーキンググループのこれまでの議論を見れば狙いがそこにあるのは明らかだ。こうしたガイドラインをつくる目的は、解雇を容易にするためである。どういうケースで解雇できるのか、解雇を容易にするには契約時にどんな条件をつければよいのか、などをまとめるものになるだろう。

だが、そもそも、解雇ルールを明確化するガイドラインなどつくれるのか。たくさんの判例があるとおり、解雇は一つ一つ様相が異なる、多様で複雑なものだ。ワーキンググループは「解雇ルールが抽象的で、裁判になった時の予測可能性が低い」などと指摘している。だが、複雑・多様であるが故に、抽象的な定めでなければ対応できない現実がある。

海外の例を見ても、ドイツは「社会的相当性」、フランスは「真実かつ重大な理由」が、解雇の妥当性を判断する基準だ。日本の「客観的に合理的な理由を欠く」や「社会通念上相当であると認められない」解雇を無効とする(労働契約法第一六条、解雇権濫用法理)は特別ではないし、厳しいわけでもない。OECDが二〇〇八年に公表した「解雇規制の国際比較」では、日本は三〇カ国中二四番目で、解雇規制は弱いという結果が出ている。

規制緩和論者は、何かと言えば「日本の解雇規制は厳しい」と言う。しかし、現場を知る人びとはそれがデマに等しい言質であることをよく知っている。いったん解雇されてしまえば、それがどんなに不当なものでも撤回させるのは難しい。職場を追われ、収入の道を断たれた労働者が、最短でも二~三年に及ぶ裁判を個人で闘うのは至難の業だ。労働組合の支援などの条件がそろわなければ、裁判闘争は難しい。多くの人たちが不満を持ちながら黙って辞めていかざるを得ないのが現実であり、中小企業においてはなおさらだ。

労働政策研究・研修機構労使関係部門統括研究員の濱口圭一郎氏が、労働局の解雇の斡旋事例を分析した『日本の雇用終了――労働局あっせん事例から』(労働政策研究・研修機構、二〇一二年)を読むと、いかに自由に解雇が行われているかがよくわかる。たとえば、雇用保険や社会保険への加入を要請したところ「即戦力ではない」と翌日に解雇通告、身内の不幸に有給休暇を申し出たら「うちに有給休暇はない」と取得後に解雇通告、店長から「オレ的にダメだ」という理由で解雇……。こうした事例が次々と出てくるのが現状なのだ。

どんなガイドラインがつくられるかはまだ明らかではないが、国家戦略特別区域諮問会議の意見を聞いて作成されることが定められている。諮問会議のメンバーは、首相や財務大臣など(厚労相は含まれない)と民間委員で構成される。民間委員はワーキンググループ座長の八田氏、その委員である坂村健東大大学院教授、竹中平蔵慶応大学教授・パソナグループ取締役会長らである。いずれも、規制緩和論者だ。判例をどのように取捨選択してガイドライン化するか、だいたい想像がつく。「解雇したい」経営者にとって都合がよいものになるだろう。

では、このガイドラインはどのような影響力を持つのか。ワーキンググループの当初案では「ガイドラインに従った解雇なら、労使の契約が裁判官の判断を縛る」としていた。ガイドラインに法的効果を与えるというのだ。さすがに最後は引っ込めたものの、「ガイドラインはあくまでガイドラインにすぎない」

との見方は甘すぎるだろう。政府の〝お墨付き〟を与えることになり、解雇を争う裁判に影響がないとは言えない。

また、国家戦略特区では「雇用労働相談センター」がつくられ、企業は助言を受けられる。解雇がガイドラインに沿うかどうか、このセンターの判断も労働者を説得するお墨付きになり、解雇に追い込まれる。そして、もっとも注意しなければならないのは、ガイドラインは法ではないという性質上、国家戦略特区以外でも使おうと思えば使える点である。

国家戦略特区外には助言を得る雇用労働相談センターはないが、ガイドラインをもとに判断し、「国の解雇指針に従った解雇です」と言うのは可能だ。こうして、ガイドラインが疑似法として使われ、それが広がれば、実質的な解雇ルールになってしまう。ガイドラインがどのようなものになるのか、十分な警戒と監視が必要だ。

❹ 改正されたばかりの労働契約法に特例

①の【有期雇用】については、二〇一四年六月に専門的知識等を有する有期雇用労働者等に関する特別措置法(以下、特措法)が成立し、労働契約法の無期転換ルールに特例が定められた。労働契約法は、二〇一三年四月に改正法が施行されたばかりである。

改正法の目玉は、一カ月や半年などの契約期間が定められた有期雇用労働者が契約更新を重ねて五年を超えて働いた場合、期間の定めのない(無期)労働契約に転換する権利が与えられ、使用者は申請があれば拒否できないことだった。当初、国家戦略特区では「無期転換しない約束（契約）」を可能にするとしていた。無期転換権を放棄させる契約を認めろというわけだ。改正直後の重要な部分を取り上げることになるため、厚労省は激しく抵抗し、この特措法を落としどころとした。

この特措法は、国家戦略特区に限らず全国で適用される。五年の無期転換は一〇年以内に引き延ばされる。対象となるのは「高収入かつ高度な専門的知識、技術、または経験がある有期雇用労働者」。これだけではわかりずらいが、厚労省が示した見解では「弁護士や公認会計士などの資格を持ち、年収一〇七五万円以上」などを想定しているという。この条件に合う労働者が一定期間内で終了するプロジェクト（上限一〇年）で働く場合に適用され、プロジェクト終了後に無期転換権が発生する。

当初案から比べると、適用の対象はずいぶんしぼりこまれた印象がある。厚労省幹部は「ギリギリの選択だった」と振り返る。厚労省としては、厳しいしばりをかけたうえで、政府の顔も立てたということだろう。もっとも、経営側や規制緩和派は「実質的に使えない」と不満を募らせている。特措法の対象の要件は「審議会で改めて審議する」とされており、「省令で年収を下げ、業務を広げる危険性は残っている」と警戒する声もある。

労働契約法の行方を追い続けてきた女性がいる。貿易関連の事務の仕事を有期雇用で八年以上続けてきた。彼女は改正法が施行された際、「五年は長い」と不満を持ちながらも、「正社員への道が開けるかも」とひそかに期待したという。もちろん、無期転換前に雇い止めの恐れがあることも知っていたが、「これまでは何年働いても有期のままだったけど、無期になる法的根拠ができたのはうれしかった」と振り返る。八年以上も仕事をして、正社員以上に精通している。ビジネス英語も独力で学んだ。けれど、いつまで経っても「安い労働力」として扱われた。それだけに期待もしたから、国家戦略特区構想が報道されると、頭を殴られたようなショックを受け、涙ぐんだ。

「やっと希望が見えたのに、彼らは人の人生をなんだと思っているんでしょう。真面目に働いてきました。なぜ、安定した仕事をさせてくれないのか」

彼女に限らない。改正が目指されている労働者派遣法(3)(労働者派遣事業の適正な運営の確保及び派遣労働者の就業条件の整備等に関する法律)のもとで働く派遣労働者、ダブルワークやトリプルワークで働く非正規労働者……。低賃金、不安定雇用が常態化している者たちが、どんな思いで安倍政権の雇用政策を見ているのか。労働者を犠牲にする成長戦略を考え続ける人びとに、彼ら・彼女らの声は決して聞こえない。

5 労働のあり方が根本から変わる

「もっと柔軟な働き方ができるように労働法制を変えていく。やり遂げなければ日本は成長していくことはできない」

英国・ロンドンの金融街・シティで二〇一四年五月一日に演説した安倍首相は、演説後の会見で労働時間規制の緩和をやると大見得を切った。雇用特区案③の【労働時間】に記された、労働時間規制の除外制度のことだ。この案が公開されるや、もっとも厳しい批判にさらされたのはホワイトカラー・エグゼンプションの再提案である。「残業代ゼロ制度再び」「過労死促進」などの見出しが新聞紙面に踊った。第一次安倍政権のとき一度ダメ出しされた制度である。それを姑息にも国家戦略特区に混ぜ込んだ。

前回同様の反発を受けると、あわてて国家戦略特区からは引っ込めたが、諦めてはいなかった。海外で大見得を切り、その後、六月二四日に閣議決定した「『日本再興戦略』改訂二〇一四―未来への挑戦―」（成長戦略）に「新たな労働時間制度」として位置づけてきたのだ。国家戦略特区で脱法的にやるのは無理でも、国民の比較的高い支持率を背景に、法改正を目論んでいる。

ホワイトカラー・エグゼンプションは労働政策審議会（以下、労政審）の労働条件分科会にかけられる。年内に結論を出し、年明けの国会に法案を提出する方向だ。労政審という三者構成の組織で審議する形を取ってはいるが、政府はすでに成長戦略に位置づける閣議決定を行っている。結論を押しつける形で審議を始めさせるわけだから、実質的に雇用・労働政策を決定する際の公正さは担保されていない。労政審で労働者側を代表する形で委員となっている連合のある幹部は、こう憤る。

「連合は審議会で労働者の意見をとことん主張する。だが、安倍政権になってからの労政審は、労働者派遣法改正の審議もそうだったが、政府案の追認機関にされている」

政府が労働者の意見を顧みず、思うがままの雇用、労働政策を展開すれば、雇用社会の未来に確実に暗い影を落とすことになる。

（3）労働者派遣法改正案は、派遣期間に制限のなかった専門二六業務を廃止し、派遣期間の上限を三年とした。ただし、企業側は、派遣労働者を変えれば引き続き同一業務に派遣を利用できる。このため、いつもある仕事への派遣利用を防ぐ「常用代替防止」や、「派遣は臨時的・一時的業務に限る」とした原則が崩れた。労働組合からは「生涯派遣」「正社員ゼロ制度」と批判が出ている。二〇一四年の通常国会に法案が出されたが、審議未了で廃案となった。政府は引き続き改正を目指している。

では、名前を「新たな労働時間制度」と変えたホワイトカラー・エグゼンプションはどんな内容なのか。労働基準法は「週四〇時間、一日八時間」を法定労働時間と定め、それを超える残業や休日出勤などに割増し賃金を支払うことを義務づけている。支払いを免れるのは、役員など一部の管理職だけだ。この労働時間規制の対象外に置く労働者を加えるのが、新しい制度である。

成長戦略では、「時間ではなく成果で評価される働き方」とし、「労働時間の長さと賃金のリンクを切り離す」と書かれている。この二つの意味することは、労働時間規制からの除外だ。つまり、労働時間への規制がないのだから、残業という概念もなくなる。残業代ゼロと言われるゆえんである。規制がないのだから、何時間でも働かせることが可能になる。対象となるのは、一〇〇〇万円以上の年収要件を満たし、「職務の範囲が明確で高度な職業能力を有する労働者」としている。

この制度の導入を提言する学者や経済人は、「グローバルな競争の中で、創造性の高い働き方が重要だ」と言う。だが、生産性も国際競争力も高いドイツの労働事情を視察に行った情報労連の幹部は反論する。「EUでは週四八時間の上限規制があり、さらに仕事と仕事の間に一定の時間をあけるインターバル規制もある。実際、上限よりずっと下の時間で働いている。それでも、ドイツは国際競争力を持っている。グローバルスタンダードはどこにあるのか。際限のない長時間労働で競争力が強くなるわけはない」

一方で、「日本の働き方は生産性が低い」「残業代ほしさにダラダラと残業している」「柔軟な働き方が生産効率を上げる」などと導入を主張する意見もある。ならば、残業やらせ放題、抜け道だらけの労働時間規制を厳しくし、効率アップを図ればよい。

ところが、「残業規制の強化」などの提案は間違っても出てこない。それは、各企業が人員を限界まで削減したなかで、一定の残業をしなければこなすことのできない仕事量があるからだ。残業を例外的な仕事と厳しく規制すれば、会社がまわらなくなることが目に見えている。それならば、残業代を払わないことにお墨付きを与えてしまおうという不払い残業の〝合法化〟が狙いである。

残業代ゼロも強欲な話だが、この制度がより危険なのは、労働者の命が危険にさらされることだ。長時間労働を原因とする過労死、過労自殺の労災認定[4]は、この数年、過去最悪レベルの件数で高止まりしている。「ＫＡＲＯＳＨＩ」が世界で通用するような、限界を超えた長時間労働が常態化しているなかで、労働者の命を犠牲にする成長戦略など許されない。

皮肉なことに、政府が成長戦略を閣議決定する数日前に、過労死・過労自殺の被害者の家族、弁護士、学者、労働組合などが中心になって運動を進めてきた「過労死等防止対策推進法[5]」が、全会一致で可決さ

（4）二〇一三年度の過労死（脳・心疾患）は、労災請求七八四人（前年度比五八人減）、労災認定三〇六人（同三二人減）。過去最多レベルで高止まりしている。精神疾患の労災請求件数は、前年度比一五二人増の一四〇九件（自殺一七七件を含む）で過去最多。認定されたのは四三六人（前年度比三九人減）で、過去最悪だった前年度は下回ったものの、四〇〇人台が続いている。近年は、長時間労働などで若者を使い潰す「ブラック企業」が社会問題化しており、精神疾患の労災申請をする若者も増えてきた。

（5）「過労死等はあってはならない」を基本理念とし、国に過労死防止の施策の策定、実施、地方公共団体に国と協力して地域施策を策定する責務を課した。事業主は、防止策への協力、国民に過労死防止への関心と理解を深める努力義務がある。二〇一四年秋に大綱をつくり、過労死防止のための調査研究や過労死等防止対策推進協議会の設置が行われる。法制定を求める五五万筆を超える署名が集まり、一二一の地方議会で法制定を求める決議がされ、超党派の議員連盟には一三〇人以上が参加した。

れている。同法の成立には、自民・公明の与党も含む超党派で結成された「過労死等防止基本法制定を目指す超党派議員連盟」が大きな推進役となった。国会議員の間でも、過労死や長時間労働の深刻な実態への理解が広がっているのだ。にもかかわらず、その真逆をいくような「過労死促進」の提案が出てくる。同法制定実行委員会の代表を務めた森岡孝二関西大学名誉教授は、力をこめて言う。

「労働者の命を経済成長の道具とすることが端的に現れた提案だ。しかし、防止法はできた。国がこれと真逆のことをするのはおかしいと主張する根拠になります」

この制度の対象者は、前述したように、一見、限定的に見える。関係者によると、制度導入の最終的な詰めの段階で、田村憲久厚労相（当時）ら厚労省サイドが対象者を限定的にしたいと粘り、「少なくとも年収一〇〇〇万円以上」の文言をねじ込んだと言われる。厚労省は当初、対象者に金融機関のトレーダーなどを想定し、年収数千万円を提案していた。これは事実上、制度を導入したくないと言っているのに等しい。

厚労省のそうした姿勢をわかったうえでも、「一〇〇〇万円以上」に意味はない。限定的だと見せる仕掛けにはなっても、一〇〇〇万円を超えたからと言って不死身の肉体を手に入れるわけではなく、働くのは人間だ。それに、一〇〇〇万円、かつ専門業務という限定がそのまま法律になったとしても、年収要件はあっという間に下げられ、職務もあっという間に広げられるだろう。

実際、審議が始まる前から、経営側は「大企業でも、一〇〇〇万円では対象が狭すぎて使えない。中小企業はなおさらだ」と年収要件引き下げを求める声が上がっている。また、前回ホワイトカラー・エグゼンプションの導入が検討されたときも、九〇〇万円や一〇〇〇万円の年収要件が取りざたされた。その際、「年収要件は四〇〇万円」と主張し、厚労省の示す要件に大いに不満だった経営側に、当時の厚労省幹部が「心配しないでください。小さく（一〇〇〇万円）産んで、大きく（四〇〇万円）育てますから」と話しているのを、この耳で聞いた。これはジョークではない。

すでに、私たちは労働者派遣法で痛い目に遭っている。同法は一九八五年の制定時には、翻訳や通訳などきわめて専門的な一三業務だけを対象に始まった。しかし、その後次々と業務を拡大し、一九九九年には原則禁止から原則自由へと改正される。そして、二〇一四年には「臨時的・一時的業務」への派遣という根本的な原則さえなし崩しにした改正案が国会に提出された。もはや、当初の姿は影も形もないと言っていい。私たちは、また騙されるのか。制度の導入が蟻の一穴になるのだ。

この制度の導入による健康被害の恐れについては、「個人と企業の持続的成長のための働き方改革」（二〇一四年五月二八日）の冒頭で、「働き過ぎ防止のための取組強化」と題し、働き過ぎ防止に全力で取り組むとしている。具体的には、監督指導を強化し、法違反の疑いのある企業には監督指導を徹底するのだという。

長時間労働を強いる制度導入を前に、いかにも言い訳めいているが、これを実現したとしても、新制度の対象者は救われない。なぜなら、対象者は労働時間規制から除外されるからだ。適用除外される代わりに新たな最低労働条件が法で定められないかぎり、労働基準監督官は長時間労働の実態を知ったとしても、監督指導する法的根拠がない。

仮に年間の労働時間の上限を法で決めたとしよう。その場合、一週間や一カ月、あるいは数カ月という短い期間に仕事が集中したら、どうするのか。言葉でいくら取り繕っても、最低基準から除外されるということは、そうした危険に労働者をさらすことになるのだ。

このほか、適用対象となる労働者の個人の合意や労働組合の関与など問題点はまだまだある。(6) これだけ複雑で、労働のあり方を根本から変えるような制度の審議が、わずか三カ月程度で行われるかと思うと恐ろしい。労政審の審議には、最大限の注目を払う必要がある。

さらに、労働者派遣法改正、ハローワークの求人情報の民間人材サービス会社の利用など問題のある政策が山積している。そこに通底しているのは、「岩盤規制にドリルで穴を開ける」(安倍首相)の発言に象徴される、労働者保護ルールの弱体化だ。「新たな労働時間制度」のように、働くことの最低限のルールを決めている労働基準法のルールから適用除外される人が増えていけば、労働基準法は意味がなくなる。安倍政権の狙いは、ルールなき雇用社会をつくることにあると思わざるを得ない。これを黙って見過ごすわけにはいかない。

(6) 新しい労働時間制度(ホワイトカラー・エグゼンプション)の導入提言に際して、産業競争力会議は適用対象になる労働者の合意について言及。適用対象となるには、労働者本人の同意、労働者の過半数を代表する組合の同意が必要とした。しかし、本人の同意については「昇進の前提となるような同意を拒否できるのか」など、労働組合の同意については「法律の適用除外となるような個人の権利に深く関わる問題に労働組合が同意できるのか」など、労働法学者から批判の声が出ている。

第5章　医療に市場原理はなじまない

藤末衛

1　いま、ここにある危機

医学の発展は、さまざまな病気の原因を明らかにしてきた。そして、新たな治療法が開発され、世界中の人びとに恩恵をもたらしていく。その過程で、研究者や医療活動を担う専門家は多様に分化し、治療薬や医療機器・材料を生産する企業も発展し、有力な産業となった。また、世界的に生存権と健康権が人権として認識されるなかで、多くの国民がそれらの権利を行使できるように、国家が医療に関わる財源と提供体制を確保するようになってきた。

しかし、二一世紀を前後して、社会経済システムや国家が個人の安全や安寧を保証するという点では、多くの先進国が「かげり」を認めざるを得なくなっている。発展途上国に広がる貧困の根絶にいまだ展望が見いだせず、先進国といわれる国々にすら貧困が広がり、経済格差が健康格差につながる現実がある。

一方、経済のグローバル化が進むなかで、世界のマネーや投資会社は、うま味のある市場を求めて医療・健康分野に注目。医薬品・医療機器などの医療産業だけでなく、保険事業や病院経営にも自由に参入できるよう、規制緩和を求めるようになった。医療を有力な市場として認識し、経済活動として切磋琢磨、競争することが世界の人びとの健康につながるという主張も流布されている。

「すべての人に健康を」を創立時から掲げる世界保健機関(WHO)は、これらの現状を反映した今日の世界の保健医療の重点課題として、①高齢化への対応、②健康格差拡大の克服、③保健医療費用高騰への対策、④保健医療の商業化への危惧と規制をあげている。本章では、国家戦略特区や混合診療が医療分野の営利市場化の流れのなかでどのように位置づけられているのか、そもそも営利市場化が最終的に医療という営為にどのような影響をもたらすのか、最小の費用で倫理的かつ効果的な医療の仕組みを実現する道がどこにあるのかを考えてみたい。

2 医療分野の営利市場化と国家戦略特区

産業としての医療と営利市場化

医療が産業かと問われれば、間違いなく産業である。日本標準産業分類は、自家消費以外の財・サービスの生産・消費に関わる経済活動は、営利・非営利を問わず産業と定義している。医薬品産業だけでなく、病院経営も当然、産業である。診断・治療という医療本体の行為は、人を病から解放する営為であるとともに、経済活動であるという二面性を持って発展してきた。とくに日本では、非営利の民間医療機関が医療提供の大きな部分を占めてきた。

財政再建のために医療分野への市場機能と民間活力の導入という考え方を示したのは、一九八〇年代前半の中曽根政権である。そして、小泉政権時代に歴史上初めて医療本体への市場原理の導入が閣議決定され、構造改革特区での営利企業による医療機関の開設も許可された。その後、第一次安倍、福田、麻生政権時代には多少影を潜める。だが、民主党政権の「新成長戦略」、第二次安倍政権の「日本再興戦略」では、保健予防、診断・治療、介護(住居を含む)と、健康に関連する分野での国内外の抜本的な「市場創造」とそのためのインフラ整備促進までエスカレートする。

日本国憲法は、すべての国民の生存権を人権として認め、国が「社会福祉、社会保障及び公衆衛生の向上及び増進に努めなければならない」(第二五条②)としている。したがって、医療は何よりも人権を実現するための公共的なサービスであることが優先されるべきだ。医療は、産業として発展してきた一面を持つ。しかし、国の経済成長のための牽引車、金儲けの道具として市場原理を導入し、営利市場化をエスカレートさせることとは意味合いが違う。

医療分野の規制緩和は誰の要求か

米国政府が日本医療の市場開放について、どのような要求をしてきたのかは、米国通商代表部(USTR)が自国政府に報告する「外国貿易障壁報告書」(二〇〇七〜二〇一〇年)を見るとよくわかる。医薬品、医療機器分野にとどまらず、保険、医療IT分野まで、規制緩和要求として取り上げている。

医療の中核部分では、日本の医療制度が外国資本の参入を妨げており、日本の医療市場の開放のファースト・ステップとして、営利法人が病院を運営し、すべての医療サービスを提供できるようにする機会を開くことを、二〇〇七年の報告書から要求してきた。そして、小泉政権以降の規制改革により新薬承認の迅速化や新薬創出加算などの薬価政策見直しがされるなかで、米国研究製薬工業協会が日本市場での売り上げ増加を高く評価し、なおいっそうの規制緩和や特許保護期間の実質延長を要求している。

保険分野では、日本郵政が日本生命と共同でのがん保険商品開発を急に中止し、一転、強力な競争相手であるはずのアフラック社と提携合意し、日本中の郵便局を販売網に組み入れた。これで日本郵政の医療・保険分野への進出は消えることになるが、TPP交渉での日本からの貢ぎ物という観測もある。(1) また、米韓FTA（自由貿易協定）では、韓国政府が定めた薬価に製薬企業が異議申し立てできるシステムがつくられ、経済自由区域では営利病院の進出が始まりつつある（第7章参照）。

規制緩和の要求は、米国資本の医療関連・保険会社と、それに後押しされた米国政府だけのものではない。直近の「日本再興戦略二〇一四」では、健康・医療戦略推進法（二〇一四年五月成立）に基づき、日本のヘルスケア産業界の要望に添って、以下の三点があげられている。

①非営利ホールディングカンパニー型法人(2)による大学病院を含めた大型法人の創設と、そこへの営利企業の参加

②ヘルスケア産業を担う民間事業者のための市場環境の整備

③保険外併用療養制度（規制された混合診療）の拡大

これらは、保険外の市場を広げるとともに、公共サービスへの浸食を大きく進めるものである。それは

アベノミクスによる「企業がもっとも活躍しやすい国づくり」の具体化であるとともに、日本の医療・介護・健康分野の規制改革の要求は、米国・日本の健康産業界と政府、加えて医療法人を運営する一部の日本人医師実業家の合同要求、「米日合作」(3)なのだ。

営利市場化と特区

ＴＰＰ交渉が現在どうなっているのかを国民が知ることは難しい。ただし、米国、韓国、日本ですでに起こっていることと政府の方針をみれば、ＴＰＰへの参加で日本の医療分野に何が起こるのかを予測することはそれほど困難ではない。米国の医療関連企業や保険業界が次に狙ってくるのは、韓国で先行しているような、医療特区での株式会社の病院経営と混合診療の全面解禁の二点だろう。

米国の要求は、特区に限らず全面的な市場開放が建前だ。しかし、その実現困難性は自覚しており、まずは特区からとなるだろう。これは、小泉政権以来の規制緩和の提案が全面的には実現していない経過、

(1) 森岡秀樹「日本郵政 宿敵・アフラックとの提携はTPP交渉の『バーター』か」『エコノミスト』二〇一三年八月二〇日号。
(2) 医療・介護総合確保推進法(地域における医療及び介護の総合的な確保を推進するための関係法律の整備等に関する法律)に示され、産業競争力会議で具体化が検討されている。医療法人や社会福祉法人、さらには大学法人から切り離した大学病院などの人、モノ、金を相互に移動できる法人形態を創設し、営利企業への出資も可能にしようとする。
(3) 二木立『ＴＰＰと医療の産業化』勁草書房、二〇一二年。

日本医師会をはじめ営利市場化への医療界の強力な反発、その底流にある五〇年以上継続した公的医療保険制度への国民的な支持、医療の公共性とその水準に対する国民の信頼の高さを知っているからである。

第二次安倍政権は、これまでの特区（構造改革特区、先端医療開発特区、総合特区、復興特区）に加えて、国家戦略特区を創設した。「日本再興戦略二〇一四」では、こう位置づけられている。

「国・自治体・民間の各主体が対峙するのではなく三者一体となって取り組む案件であって、これまでの特区では実現が期待できなかった、世界からの投資を惹きつけるくらいのインパクトのあるものに限って対象とし、スピード感を持って実現していく」

医療分野では、医学部の新設検討、特例による過剰地域における病床新設・増床の容認、外国人医師の診察、外国人看護師の業務解禁、保険外併用療養の拡充など、外資が営利病院や研究機関へ参入するための環境整備ととれる内容が謳われている。これらは、米国や経済界の要望に添うものである。

また、日本医師会総合政策研究機構の坂口一樹氏のレポートによれば、米国通商代表部の二〇一四年版「通商政策アジェンダ」には、TTIP（環太西洋貿易投資パートナーシップ協定）とTiSA（新サービス貿易協定）がTPPと並ぶ重要な位置づけがなされているという。(4) TiSAは、WHOの有志の国（米国、日本、韓国、EUなど二一カ国・地域）の間で、二〇一三年六月からスイスのジュネーブで交渉が米国主導で始まった。医療や保険サービスの投資や貿易を主要課題としており、TPP同様、いやそれ以上に、注目し、警戒すべき自由貿易交渉と思われる。

二〇一四年六月二三日に開催された関西国家戦略特別区域会議では、①保険外併用療養に関する特例の病院の増加、②iPS細胞を用いた網膜再生治療などの実用化を促進するための病床の整備、③内視鏡の海外輸出を促進する事業を行う病院の開設と、そこでの外国人医師の診療の早期開始などの要望が、区域会議メンバーの大阪府、兵庫県、京都府の知事から出された。やはり区域会議メンバーの塩野義製薬社長は、薬事法を含めたさまざまな規制を特区内で早急に緩和することを提案。さらに、有識者議員として参加した八田達夫氏（大阪大学名誉教授）は、こう述べている。

「ここでアイデアを提示した上で、それが総理が議長の諮問会議に行くというところがみそ。区域会議は、……統合本部、……ミニ政府なんですね」

これまでつくられてきた医療の倫理性や安全性を確保する規制が国家戦略特区ではずされて、暴走する危険を感じざるを得ない。

3　混合診療が繰り返し取りざたされる理由

混合診療の禁止は法的に決着済み

混合診療とは、公的保険が効く診療（保険診療）と公的保険が効かない私費の診療（自由診療）とを同時に併用することを指す。現在、日本では原則として禁止されており、行われた場合は一連の医療行為すべて

（4）坂口一樹「米国政府二〇一四年版「通商政策アジェンダ」とＴｉＳＡ――医療界はＴＰＰに続く米国の〝第二の矢〟に備えよ」『日医総研ワーキングペーパー』№三一六、二〇一二年四月。ＴｉＳＡについては、外務省「新サービス貿易協定（ＴｉＳＡ）交渉の進展（参加国・地域による共同発表）」二〇一三年六月二八日（http://www.mofa.go.jp/mofaj/press/release/press6_000387.html）参照。

が自由診療（すべて自己負担）として取り扱われる。

現在、混合診療が原則として禁止されていると表現されるのは、保険外併用療養費制度という名で部分的に認められているからである。この制度は、新しい治療内容で将来的に保険給付に取り込むか否かの評価の対象になる評価療養と、差額ベッドなどの将来的にも保険に組み込まれない選定療養に分かれている。前者については、高度先進的な医療内容をおもな対象とした、将来の保険導入を前提とする実施医療機関のしばりや安全性の評価システムがあり、混合診療の全面解禁とは意味合いが異なる。

現在、営利市場化推進派と公共サービス派の間で論争になるのは、混合診療の全面解禁か否かについてだ。ただし、保険外併用療養費制度は、極端に言えば運用しだいで混合診療の実質的な解禁にも禁止にも振れるものであり、時の政府の考えに左右される可能性がある。実際、第二次安倍政権は国家戦略特区で保険外併用療養制度の拡充をあげている。

二〇〇七年に始まった混合診療禁止の是非をめぐる訴訟（原告は清郷伸人氏、被告は国）で、最高裁は一一年一〇月二五日、混合診療を禁止する国の法解釈と政策を妥当とする判決を下した。厚生労働省による混合診療禁止の法運用には「理由がない」とした東京地裁判決を取り消し、法的決着がついたのである。

東京地裁は、混合診療が行われるときに、すべてが保険給付の対象にならないと規定した条文がないことを判断の根拠にした。これに対して最高裁の判断は、保険外併用療養費制度などの創設経緯および趣旨に照らし、また関係法令の検討から、混合診療を禁止する解釈は導きだせるというものである。そして、混合診療禁止は保険診療の安全性の確保から必要であり、不合理な差別をきたすともいえず、健康保険制度として著しく合理性を欠くものともいえないと判断した。

医療技術の停滞と自己負担の重荷

法的に決着がついたとはいえ、政治の場では繰り返し混合診療の全面解禁が議論される。仮に混合診療を全面解禁した場合、医療の質とコスト、医療へのかかりやすさがどうなるかを検討してみよう。

医療の質とコストの点では、技術革新が進みにくく、費用も高止まりする可能性がある。健康保険に導入される可能性が少なければ、多くの人の利用に困難が生じる。広範な技術普及が望めなければ、大きな売り上げも期待できない。企業が高い開発コストの回収不安から二の足を踏めば、新しい技術開発やコスト面でもデメリットが大きくなる。

患者の医療へのかかりやすさについては、具体的に見ると、所得格差のために不公平が生じることがわかる。たとえば、三日間の入院治療で、入院代二〇万円、検査代九万円、抗がん剤代三〇万円と想定してみよう。抗がん剤が保険適用ならば、高額療養費制度を使って患者負担八万円、抗がん剤が保険未適用ならば、混合診療禁止で五九万円、混合診療で三九万円になる(5)。

たしかに、保険未適用な場合は、混合診療のほうが負担は二〇万円軽くなる。だが、この抗がん剤が保険適用になれば八万円ですむのだから、格段に安い。最近は一回一〇〇万円以上もする保険適用のない抗がん剤を何回も使うケースも増えており、家計に余裕がなければ混合診療による治療は受けられない。混合診療の全面解禁は保険適用を前提にしておらず、いつまで経っても保険が適用されないままとなりかねない。公的保険が適用されない治療法が増えれば、コスト的に患者は安心できない。

---

(5)　関岡英之『国家の存亡——「平成の開国」が日本を亡ぼす』PHP新書、二〇一一年。

中長期的に見れば、患者だけでなく企業にとっても、混合診療にはそれほどメリットがないように思われる。なぜ、米国は混合診療の全面解禁を求めてくるのだろうか。

第一に、外国で使用されている医薬品や医療機器が日本で保険適用前に使いやすくなるからである。第二に、「転ばぬ先の杖」で民間医療保険に入っておこうという動機付けが働き、保険分野のビジネスチャンス、市場拡大につながるからである。第三に、公的保険が適用される治療が減れば公的保険制度への全般的な信頼感が減り、「医療はビジネス」という文化が広まり、企業活動がしやすくなるからである。

これらを逆から見れば、必要な医療を丸ごと現物給付するという国民皆保険制度の根本を揺るがすといえる。

4 医療は市場原理ではなく公的保険制度で

医療要求の特徴と公的保険

第二次世界大戦後の荒廃のもとで日本国憲法が施行され、第二五条の実践として一九四九年に社会保障制度審議会(会長：大内兵衛)が設置され、翌年に「社会保障制度に関する勧告」が発表された。この「五〇年勧告」は、医療制度の指針を示し、社会保険を社会保障の基軸に据える方針を鮮明に打ち出したものである。そこでは、「憲法第二五条、これは国民には生存権があり、国家には生活保障の義務があるという意である。これはわが国も世界の最も新しい民主主義の理念に立つことであって、これにより、旧憲法に比べて国家の責任は著しく重くなったといわねばならぬ」と述べられている。

そして、一九五八年に新たな国民健康保険法を制定し、六一年にすべての国民が加入する公的医療保険制度である国民皆保険が開始された。また、基盤の弱い保険組合には保険料以外に税金が投入され、社会保障制度に近づく努力がされた。

医療制度の基本がなぜ公的な社会保険制度になったのかについて、より深く、医療要求（医療に関する人間の要求）の特徴から把握しておくことも重要である。日野秀逸氏は、医療要求の特徴として次の七つをあげている。(6)

①全体性（ひとりの人間全体として症状や要求がでてくる）
②個別性（同じ病名でも千差万別、治療内容も一律にはいかない）
③包括性、連続性（予防からリハビリ、ターミナルまで）
④時間的・場所的不定性（いつ、どこで発症するか不定）
⑤非経済性（病気は、支払い能力とはかかわりなく生じる）
⑥自己判定困難性（専門家を介さないと判断できない要求が圧倒的）
⑦尊厳性（生命と直結する、かけがえのないもの）

いずれの特徴を見ても、こうした医療要求は、患者・住民が主体になって、専門家の力を借りながら、国家的にその基盤を準備・整備し、公共サービスとして提供しなければ実現できないことがわかる。市場原理では格差が生じ、なじまないといえるだろう。

(6) 日野秀逸『医療の基礎理論』労働旬報社、一九八三年。

社会保障削減が医療の営利市場化の梃子に

「税・社会保障の一体改革」のための社会保障制度改革推進法は、民主・自民・公明三党合意に基づいて、民主党の野田政権時代に成立した。第二次安倍政権は、同法に基づく「改革」を引き継ぎ、まず消費税増税を決める。そして、社会保障制度改革国民会議の議論を経て、二〇一三年一二月に社会保障「改革」の骨格と工程を決める、いわゆるプログラム法(持続可能な社会保障制度の確立を図るための改革の推進に関する法律)、さらに二〇一四年四月には、医療・介護総合確保推進法を成立させた。

この結果、社会保障の理念は「自助・自立のための制度」に変質させられ、国民は社会保険給付の削減と負担増を、医療・介護提供者は効率優先の提供体制改変を迫られる。ヨーロッパに比べればもともと貧弱な日本の社会保障制度は、いまや「崖っぷちの危機」と言わざるを得ない。世界一の超高齢社会で、医療・介護のニーズは増える一方にもかかわらず、いっそう医療機関にかかりにくくなり、提供者側の疲弊は解消されず、国民と提供者間の信頼関係の悪化を招きかねない。

国民から見た医療・介護総合確保推進法の主要な問題を二つにまとめてみよう。

第一に、医療供給体制について、徹底した効率化と人生の最後を自力で設計する覚悟を個人・家族に求めている点である。病院、病床機能について救命、急性期医療のできる病床をしぼり込み、医師・看護体制の少ない回復期や慢性期の病院を患者が渡り歩くことによって、病床を増やさずに入院期間を減らし、人的資源の総数も増やさないまま効率化することが予定されている。これらは、二〇一四年の診療報酬改訂で先取り的に実施された。増加する終末期の患者対応は、病院だけではなく施設を含めた在宅を想定して、地域包括ケアをその切り札にする予定である。

病気の時期に対応する機能分化と連携は必要であるが、効率一辺倒で「病院で死なないこと」を目標にして運用が強制されれば、機能分化の隙き間に落ち込んで行き場を失うケースが生じるだろう。また、終末期の居場所は自己責任となれば、政府の進める在宅死の一部に孤立死が織り込まれることになりはしないか心配だ。

第二に、医療・介護の給付内容については、公的な社会保険制度の給付縮小と利用時の負担増など、「医療は追い出し、介護は取り上げ」という事態が生じる点である。あわせて、国の保障責任を曖昧にするために都道府県に責任を持たせ、国民には医療機関受診時の責務を医療法で初めて示した。一言でいえば、保険証が全員に渡る仕組みは残すが、受けられる中身はそれぞれの懐具合で選択するものにしようとしていると言わざるを得ない。みすぼらしくなる公的医療・介護制度を補完するかのように、民間保険市場の拡大と医薬品、健康産業などへの応援を成長戦略として進めることは、前述したとおりである。

市場営利化の行き着く先

日本学術会議は二〇一一年に、「提言：わが国の健康の社会格差の現状理解とその改善に向けて」を発表した。日本で急速に進行した社会経済格差が健康格差を広げ、出生率（一九六カ国中一九〇位）、自殺率（一〇七カ国中一三位）、相対的貧困率[(7)]（ＯＥＣＤ加盟国中、米国に次ぐ二位）の三点セットからみて、世界有

（7）貧困者の多さを示す指標として世界的に使用されている。世帯の可処分所得を世帯人数の平方根で割った所得が全人口の中央値の半分以下の世帯員数の比率。

数の生みづらく、生きづらい社会となっていることを証明し、その改善のための政策づくりと実践を政府に求める内容である。

また、全日本民主医療機関連合会（民医連）は、加盟各事業所の協力のもとに、「手遅れ死亡事例調査」「歯科酷書」などを発表している。これらを通じて、経済的な理由で治療を中断せざるを得ない事例が世代を問わず多発し、手遅れによる死亡事例が後を絶たないこと、国民健康保険では保険料が払えないために短期被保険者証や健康保険被保険者資格証明書を持つ実質的無保険者がぎりぎりのところで救急搬入されるなど、国民の生存権、健康権の保障からみて看過できない事態を明らかにしてきた。(8)

一方で、二〇〇一年の介護保険制度実施から一三年が経過し、「保険あって介護なし」ともいうべき事態が低所得の利用者に広がっている。その主たる原因は、非正規雇用や失業、半失業の蔓延に象徴される勤労者の貧困、少なすぎる年金のために生活と健康が脅かされている高齢者の貧困、子どもを持つ世帯の貧困にある。この間の医療・介護制度「改革」の内容をみると、厚生労働省は生活保護基準に満たない収入で暮らす多くの人びとの存在と生活実態を理解して政策を立案しているのかという率直な疑問を抱かざるを得ない。

これまで、医薬品・医療機器などは市場原理で調達されても、その価格を公的に規制し、税金もつぎ込む公的な社会保険制度で運営され、他者に利益を配当しない非営利の事業体による医療提供体制を堅持してきた。それが、国民の保険医療水準と制度への信頼、比較的良好な医師―患者関係や医療者のモラルを担保してきたと思われる。

医療が競争に勝つことを生き残りの道とするような、営利市場化一辺倒と利益第一になれば、医療内容の階層化（金しだい）や医療不信、医療者のモラルハザード（倫理観の欠如）が増加する可能性が大きい。いったん失われた信頼や医療文化を取り戻すのは、相当に困難ではないだろうか。

医療分野のゆきすぎた市場営利化の手本は、米国にある。一九六五年に始まったメディケア（公的高齢者医療保険制度）とメディケイド（公的低所得者医療保険制度）以外は、すべて民間保険制度で成り立っており、政府と患者の間に保険会社が入り込み、治療内容にまで口出しする状況が続いている。医療費は高騰し、無保険者層は四七〇〇万人にもおよぶ。オバマ政権では、「オバマケア」の名で公的医療保険制度創設が一期目の公約にかかげられた。現状は民間保険を無保険者が買えるよう公的支援と企業支援を義務づけるものに変質したが、これすら強力な反対に見舞われている。

堤未果氏によれば、最近は民間保険企業の寡占化と営利病院の系列化が進み、巨大な投資ファンドが資金提供して、それらを支配する状況になってきているという。投資ファンドが保険と病院を通じて住民から利益を吸い上げる構造ができあがってきているというのである。

5　倫理的かつ効率的な医療を目指して

民医連は二〇一三年一二月、「人権としての医療・介護保障をめざす提言」を発表した。倫理的かつ効

（8）国民健康保険の保険料を半年以上滞納すると有効期間数カ月の短期被保険者証、一年以上滞納すると健康保険被保険者資格証明書が発行され、いったん窓口一〇割負担となる。

率的な医療の未来のためには、公的制度の縮小と営利市場化をセットにした「改革」の対抗軸を示す必要があると考えたからである。そこでは、まず医療・介護制度における以下のような国の責任の明確化を提案した。

①憲法第二五条に基づき、人権としての社会保障を実現するために、公的医療保険制度の堅持、介護保険制度の抜本的な改善を行うこと。そして、医療・介護分野における公共性を確保するために、提供事業体の非営利性を強めるとともに、すべての地域に必要かつ充分な医療・介護提供体制を確立すること。

②「いつでも、どこでも、誰でも」必要で充分な医療と介護を保障するため、財源は応能負担原則に基づく社会保険料と税を基本にし、具体的なサービスは必要充分な現物給付として、利用時の負担はゼロを展望し、当面、引き下げを行うこと。

③倫理性と民主性を備え、科学性を重んじる医師をはじめとする医療・介護専門職を必要な数だけ養成し、あわせて働き続けられる条件整備をすること。

④生活保護などの公的扶助、こども手当(現・児童手当)などの社会手当については、貧困の連鎖を断ち切り、人間の尊厳を守るに値する制度へ抜本的な改善を行うこと。

⑤「健康の社会的決定要因」(9)を重視し、労働と生活環境を改善し、保健予防活動を抜本的に強めること。

国の最大の仕事は、憲法が保障する基本的人権の実現である。国の財政は所得再配分機能を発揮して、それを支えなければならない。日本の財政危機は、デフレ不況の長期化と大企業・富裕層のための「税制改革」による税収不足を主因に進行している。支出の無駄を洗い出し、経費を削減すれば、増税なしに乗り切れるレベルではすでにない。医療・介護制度を支える財源については、消費税増税と社会保障給付削減セットの一体改革ではなく、第一に所得再配分を強める税制改革と応能負担原則に基づく社会保険料の確保、第二に内需拡大、地域経済の発展と賃金アップによるべきと考える。

国家の税収における消費税の位置が大きくなれば、富の再配分、景気と経済の安定化機能という所得税や法人税が持つ役割は弱まる。世界第三位の経済大国で、消費税を増税しなくとも医療・介護・社会保障の拡充は可能と考え、財源問題を以下のように提案した。

①医療・介護の充実とアクセス確保には、利用時の負担増ではなく、保険料と国庫・公費負担（税の投入）を増やす必要があり、現状は財源不足であることの国民的合意を得る。

②異常に内部留保を増やした大企業や税制優遇された富裕層への応分の税負担など、公正な税制改革で所得再配分機能を強める。また、タックスヘイブンの世界的な規制強化や各国の法人税の統一化を提案する。

③まず、大企業を中心に社会保険の事業主負担をＥＵ水準まで引き上げ、応能負担原則に基づいて社会保険料を見直し、確保する。

④無駄な大型公共事業などの削減と米軍思いやり予算・軍事費の削減など、税金の使い方の転換を図

（9）人間の健康を規定する社会的な要因。所得格差やストレス、労働内容、幼少期の生活、環境など社会経済的な要因が人びとの健康を大きく規定するという科学的な根拠が多く示されてきている。

る。

⑤国民の医療費を圧迫する医薬品や医療材料などの高騰を規制し、適正化を図る。

⑥安定した雇用の拡大と誰もが暮らせる賃金を目指し、最低年金の引き上げ、農漁業、再生可能エネルギー、保健・医療・福祉分野を含む中小企業や非営利団体を核にした地域密着型内需拡大で国民本位の経済発展を図る。

ここでは、医療・介護における国の責任と改革の財源のみを抜粋して述べたが、提言全体は、超高齢社会に向かう日本における医療・介護のあり方を、日本国憲法の原則に則って実現するためにまとめたものである。同時に、「人間の安全保障」（アマルティア・セン）の観点から、国民皆保険などの優れた日本の経験を広め、世界中の人びとの貧困と格差をなくす運動と連帯し、世界の生存権・健康権保障を求める運動に貢献したいという私たちの願いをこめている。[10]

（10）『いのちの格差を是正する――人権としての医療・介護保険をめざす提言』（新日本出版社、二〇一四年）として出版しているので、ぜひご一読いただきたい。

第6章 「強い農業」に動員される農村

大野　和興

1 土地を農民から資本へ

農業に関わる国家戦略特区の本質は、土地問題である。それは二つの側面に現れる。第一は、農地の所有に関して現在、普遍的な形態となっている農民的土地所有をどうするか。第二は、その土地所有形態の上に成り立つ農業の主体をどう想定するか。つまるところ、農業と資本の関係をどう再編成するかに行き着く。

世界史的な農業問題の焦点も、また土地問題である。小規模農民をいかに彼らの土地から引き剥がし、大規模農場に集中していくかにしぼりこまれているのだ。農業を地球規模の市場経済に投げ込むグローバル化のもとで、農民が営む農業が世界中で崩れてきている。いま世界の農民世界で起こっていることを整理すると、農産物価格の下落、それに伴う生活苦と借金の増大、そこから引き起こされる農民の土地からの引き剥がし、の三つに集約できる。

世界の農民運動の歴史は、「耕す者に土地を！」というスローガンに尽きる。土地を求め、あるいは土地を守るために、世界中で農民が血を流して闘ってきた。たとえばブラジルの「土地なし農民運動」(1)のように、いまも大土地所有制が支配的な地域では、農民の土地解放闘争が続いている。フィリピンでも同様だ。

食料に関して言えば、長期的には今後、不足気味で推移するという見通しが有力である。だからこそ、食料生産の基盤である土地と水の獲得は巨大な利権であり、ビジネスチャンスになる。すべてを市場にゆだねる新自由主義グローバリゼーションのもとで、土地が外部の資本、それも巨大な多国籍資本の手に移転されつつある。

国家戦略特区が農業の分野で進めようとしているのは、「農民から資本へ」という世界で起こっている農業の主役の交代劇の日本的表れといえる。以下、国家戦略特区とは何か、そこでは何が進められようとしているのかについて、「土地と資本」をキーワードに考えていきたい。

農業に関する国家戦略特区に指定されたのは現在、新潟市と兵庫県養父市である。それぞれ、次のような目的を掲げている。

新潟市＝「農業の生産性向上及び農産物・食品の高付加価値化を実現し、農業の国際競争力強化のための拠点を形成します」

養父市＝「高齢化の進展、耕作放棄地の増大等の課題を抱える中山間地域において、耕作放棄地の再生、農産物・食品の高付加価値化等の革新的農業を実践します」

新潟市はこの目的に向け「農地流動化(集積・集約)による新規参入の拡大」「農業生産法人の役員要件緩和」「農家レストランや食品のブランド化」などの事業をあげているが、基本は「農地流動化」と「農業生産法人の役員要件緩和」の二つだ。養父市についても、ほぼ同じ項目が基本となっている。

その狙いは、外部から資本の進出を促し、それを集約化した農地の受け皿として、農業の主たる担い手、主体にしていこうというところにある。そのためには、農地の売買や賃貸による所有権や耕作権・利用権などの移動が簡単にできるようにしなければならない。農地の権利移動は農地法第三条によって、農業委員会の許可が必要である。この農業委員会の権限を弱め、権利移動が容易に進められるようにするのが、農業に関する国家戦略特区の最大の眼目なのだ。具体的には、農地の権利移動に関する許認可権を農業委員会から首長(市町村長)に移す。すなわち、農業委員会はずしに、狙いは尽きる。

そのことを明らかにするためには、農地法制の流れを簡単にでも整理しておかなければならない。

❷　平成の農地改革と農業委員会の解体

二〇〇九年六月、『社会新報』に「戦後農政の象徴的存在だった農地法は、今回の改正によってその性質を大きく変える」という書き出しで、農地法改正をめぐる短い文章を書いた。石破茂農相の時代であ

(1)　公有地や大土地所有者の不耕作地を実力で占拠。協同組合や学校をつくり、村を運営している。そのオルガナイザーの一人シロ・コヘアさんが来日したときには、同じような土地闘争を闘った成田・三里塚(千葉県)を案内したことがある。

る。「平成の農地改革」と農林水産省が自賛する、農地法改正が衆議院を通過した時点での執筆であった（その後、六月一七日に参議院で可決、成立）。

なぜ、この改正が「平成の農地改革」と呼ばれたのか。それは、第二次世界大戦後何回もの改正を生き延びてきた農地法の真髄ともいえる「耕作者主義」が削除され、農地に対する農民の権利を規制する方向が強く打ち出されたからである。このときの農地法改正は、そのまま国家戦略特区につながる。

日本は戦前、地主的土地所有のもとにあった。農地のほぼ半分を地主が所有し、自分の土地だけで農業を営んでいる自作農は、農民全体のほぼ三割にすぎない。約三割は一部自作地を持つ自小作農民、残りの約三割は自分の土地をまったく持たない小作農民だった。地主階層も、小作料収入を受け取って都市で遊民的暮らしをする不在地主から、自らも耕作する在村地主まで、さまざまだった。いずれしろ、地主制という半ば封建的な支配構造を色濃く残す制度は絶対主義天皇制を支える基盤の一つとなり、日本を侵略戦争に導いたのである。

敗戦後、日本を占領した連合国は日本民主化の最大のターゲットの一つとして農地解放を掲げた。その「上からの改革」に、戦時中は逼塞《ひっそく》させられていた農民の土地解放を求める動きが呼応し、世界史的にも珍しいといわれる無血の土地解放が実現。日本は自作農の国になる。このとき農民が掲げた要求が、「耕す者に土地を！」であった。

そして一九五二年に、農地改革で生まれた自作農体制を維持するための法律、農地法が施行される。法律の目的を記した第一条は次のとおりだ。

「この法律は、農地はその耕作者みずからが所有することを最も適当であると認めて、耕作者の農地の取得を促進し、及びその権利を保護し、並びに土地の農業上の効率的な利用を図るためその利用関係を調整し、もつて耕作者の地位の安定と農業生産力の増進とを図ることを目的とする」

戦後の理想にあふれた名文だと、いま読んでも思う。農地法はその後幾多の改正を経るが、農民の土地への願いを法制化したこの条項は生き残ってきた。それが二〇〇九年の改正で、ほぼ全文が改定された。「平成の農地改革」と言われたゆえんである。

では、どう変えられたのか。「この法律は、農地はその耕作者みずからが所有することを最も適当であると認めて」と書かれていた第一条は、改正法でこう変更された。

「耕作者自らによる農地の所有が果たしてきている重要な役割も踏まえつつ、農地を農地以外のものにすることを規制するとともに、農地を効率的に利用する耕作者による地域との調和に配慮した農地についての権利の取得を促進し……」

改正法がきわめてわかりずらい文章になっているのは、農業側の抵抗による妥協の産物だからである。農水省が国会に上程した当初の法案では、このくだりは「農地を効率的に利用する者による農地についての権利の取得の促進」というわかりやすい表現になっていた。これでは農民不在の農地法になってしまうという野党の批判を受けて、審議のなかで「者」を「耕作者」に修正、さらに外部から参入してくる資本が地域性などに配慮しないまま企業活動をすることを抑えるために、「地域との調和」という言葉を盛り込んだ。あわせて、「耕作者自らによる農地の所有が果たしてきている重要な役割も踏まえつつ」という

（2）自分の小作地がある農村で生活せず、都市で生活した地主層を不在地主と呼んだ。小作地には管理人のみをおき、収穫量の三分の一から半分という高い小作料を取り、農村に寄生する生活を送った。

文言も加えた。

しかし、いくら修正を加えても、改正の本質が「農地を効率的に利用する外部資本の農業への参入を図ること」にあるのに変わりない。

このときの農地法改正では中途半端に終わった「耕作者」はずしが、国家戦略特区法でよみがえる。同法が国家戦略特区を推進するために定めた事業に「農地等効率的利用促進事業」がある。同法第一八条によると、事業の中身は二つに分かれる。第一に、現在市町村の農業委員会の専管事業となっている農地の売買や賃貸など権利移動の仕事を市町村長ができるようにする。第二に、その際の農地の権利移動は「農地を効率的に利用する者」であれば、農民でなくてもよい。少し長くて回りくどいが、条文の一部を紹介しておく。

「農地法第三条第一項本文に掲げる権利の設定又は移転に係る当該農業委員会の事務(中略)の全部又は一部(中略)を当該市町村長が行うことにつき、その適正な実施に支障がなく、かつ、農地等を効率的に利用する者による地域との調和に配慮した農地等についての権利の取得に資すると認めて、合意がされた場合には、当該市町村長は、農地法その他の法令の規定にかかわらず、当該区域において特例分担事務を行うものとする」

これまでの農地法改正で、農業生産法人の認定さえ受ければ、株式譲渡に取締役会の承認がいる株式会社については農地所有が認められていた。また、農地の賃借権・利用権については、二〇〇九年の改正で「農地を適正に利用する」など一定の要件さえ満たせば、従来は農地の賃貸権や利用権を設定できなかった一般の株式会社やＮＰＯ法人も自由に農地を借りられるようになった(いずれも第三条)。その際、その会社や法人は全国どこに所在していてもよい。ちなみに、農地法には国籍規定はないので、外国人についても、在留資格を持ち、農地法の条件さえ満たせば、農地についての権利を持つことができる。外国資本も、農業生産法人の認定さえあれば、国内の農地を所有できる。

また、二〇〇九年の改正で、それまで二〇年に制限されていた農地の賃貸借期間を五〇年に延長した（第一九条）。賃貸権がより安定したことになる。それによって農業への外部の投資を呼び込もうという意図が透けてみえる。

以上のように、これまでの農地法改正で、農地の権利移転に関する規制はかなりの程度まで緩和されている。それでも、農地への外部資本の参入をより進めたい資本の側は、国家戦略特区を使うことで農地を農民から引き剥がすための最後の砦に手をかけた。それが、「農地は耕作者が所有する」という耕作者主義の空洞化と、農地の権利移動についての権限を持つ農業委員会の解体である。

国家戦略特区法による耕作者主義の空洞化については、すでに述べた。それと並行して、農地法第三条の農地の権利移動に関する権限を農業委員会から市町村に移譲することが特区認定の条件となったのである。

農業委員会は、よく「農地法の番人」といわれる。ここでいう農地法とは、耕す農民が農地を所有する自作農体制を守る法律を意味する。制度的には、行政から一定程度独立した行政委員会で、農業委員は市町村議会や農業団体から推薦される少数の委員を除き、地域の農家によって選挙で選ばれる。

産業競争力会議や規制改革会議など首相を取り囲むさまざまな諮問機関では、農協と並んで農業委員会が目の敵にされている。たとえば、二〇一四年五月一九日に安倍首相も出席して官邸で開かれた第三回産業競争力会議課題別会合の議事録を見てみよう。まず、主査の新浪剛史ローソン会長（サントリー・ホールディングス次期社長）がアンケート結果を引用しながら問題提起した。

「意欲を持って農業をやっていきたいと思っている地域以外の人たちや企業がリースでも農地をなかなか貸してもらえない、話し合いの中に入れないという声であった。『よそものは入れたくない』ということが起こっている」

それを受けて、企業活性化や新事業開拓事業を行うコンサルティング会社フューチャーアーキテクトの会長兼社長をしている金丸恭文・規制改革会議農業ワーキンググループ座長が、「農業委員会の仕事を農地法第三条の権利移動から遊休農地対策や転用違反対策に重点を移し、選挙ではなく市町村長の任命にすべき」という方向を打ち出した。選挙で選ばれ、農民の地域代表という性格をもつ農業委員では、資本の農地獲得に向けての壁が厚すぎるという経済界の主張がもろに出ている。国家戦略特区は、農地法第三条の権限を市町村長に移譲するという措置で、この経済界の要求をみごとに取り込んだのである。

こうして資本の農地獲得・農業参入に障害になる耕作者主義と農業委員会の解体が、国家戦略特区を使うことで大きく前進した。付け加えておくと、国家戦略特区では農業生産法人の役員要件も大きく緩和される。これまでは理事・取締役の半数以上がその法人の常時従事者でなければならず、さらにその過半数が農作業に従事しなければならない、とされていた。この要件を緩和し、役員のうち一人でも農作業に従事すればよいと改めたのだ。これによって、農業外資本の参入がしやすくなったわけである。

3 進む資本の農業参入

農業分野の国家戦略特区に指定された区域で、実際に何が動いているのか。新潟市の場合、農地移動については市と農業委員会の間で棲み分けることで話し合いがついた。企業が農地を借りたいという場合は、特区効果を期待して市が対応し、それ以外の権利移動は農業委員会が対応することになっている。とりあえず、市として農業委員会の顔を立てた格好だ。

二〇一四年七月一八日、新潟市を対象とする国家戦略特別区域会議の初会合が開催され、ローソンが米作りに進出することが発表された。産業競争力会議で農業への外部資本参入の道を切り拓いてきた新浪氏が会長兼社長を務めてきた企業である。ローソンはサラダ用の野菜などを栽培するローソンファームをすでに全国で一九カ所展開しており、農業進出では実績がある。新潟市では二〇一四年中をめどに地元の稲作農家と農業生産法人を設立し、ローソンの店舗で扱う米を生産するという。

ここで思い出すのは、二〇一四年六月にメディアを賑わした、慶応大学教授で産業競争力会議民間議員、そして人材派遣会社パソナグループ取締役会長・竹中平蔵氏の利益誘導問題である。

労働関係の政府助成金の一つに、雇用調整助成金と労働移動支援助成金がある。安倍政権のもとで、このうち労働移動支援助成金が異常とも言える増額となった。二〇一二年度の二億七〇〇〇万円から、一四年度には一気に三〇〇億円に増えたのである。そのほとんどはパソナに入った。その背景に、二〇一三年三月に開かれた第四回産業競争力会議での「今は、雇用調整助成金と労働移動への助成金の予算額が一〇

○○対五くらいだが、これを一気に逆転するようなイメージでやっていただけると信じている」という竹中発言があったことはよく知られている。自らの利益のために税金を勝手に使い、国民に負担を強いる利益相反の典型的行動と言える。

新潟市におけるローソンの農業参入も、同じことが言えないか。産業競争力会議で農地規制の緩和を強力に主張し、議論をその方向に導いた新浪氏が率いる企業が、その規制緩和を利用して儲ける。中国でいま、政府や共産党幹部による汚職が問題となり、国民の怒りを呼んでいる。政府の諮問機関に参加して規制緩和を進め、それに乗じて金儲けを図る日本の一部学者や経済界リーダーの行動は、日本もまた汚職天国であることを示している。新浪氏の行動もまた利益相反の典型と言える。

農業に進出する農外資本の動きは、このところ加速している。農地を借りた企業数は二〇一三年末に前年より三割増え、一〇〇〇社を突破した(『日本経済新聞(夕刊)』二〇一四年七月一〇日)。目立つのは流通業と食品企業だ。

同紙の報道によると、イオンは北海道や東北、関東など一五カ所で二三〇ヘクタールを展開、二〇一五年度末には五〇〇ヘクタールに拡大するという。セブン&アイ・ホールディングス傘下のイトーヨーカ堂は二〇〇八年に千葉県富里市で農業生産法人を設立して農業への参入を開始、現在は首都圏や北海道など一〇カ所に農場を展開している。ワタミは農業生産法人ワタミファームをつくって、農地の取得に乗りだしている。すでに野菜農場を全国一〇カ所に二一五ヘクタール持ち、二〇二〇年までに倍増する計画である。

金融も動き出している。愛媛銀行が二〇一四年九月に農業法人に投資するためのファンドを設けたのは、その典型的な事例だろう。「えひめアグリファンド」と名付けられ、地域の中核となる農業法人に投資すると同時に、農産物の輸出も支援するという。

しかし、こうした資本の農業進出も、農業全体からみるとまだ散発的だ。企業が所有または賃貸した農地は、農地面積全体の一％にも満たない。国家戦略特区は、農外資本が農業に全面展開するための突破口という位置づけになる。

海外に目を転じると、資本の農地と農業への進出はよりダイナミックだ。日本が直接絡む事例を一つだけ取り上げておく。アフリカ・モザンビークで進められている「日本・ブラジル・モザンビーク三角協力による熱帯サバンナ農業開発プログラム」である。プロサバンナと呼ばれるこの事業は、可耕地三六〇〇万ヘクタール、うち既耕地五七〇万ヘクタール、農民の平均耕作面積一・三ヘクタールという小規模農業の地に、一四〇〇万ヘクタールという巨大農業開発計画を持ち込んだもので、日本政府とＪＩＣＡ（独立行政法人国際協力機構）が先頭に立って進めている。

ＪＩＣＡは家族農業の育成、飢餓と貧困の解決を掲げているが、実際に進んでいるのは、もともとそこに住み、農業を営んできた小農民の土地からの排除と巨大農場の建設である。日本の農地面積のほぼ三倍に当たる土地で作られるのは、大豆やトウモロコシという輸出用の商品作物。伊藤忠商事も参入し、日本向けの大豆輸出を手掛ける。

ＪＩＣＡが掲げる理念とは裏腹に、輸出向け作物生産地への切り替えが進んでいる。生産手段を奪われた農民は貧困に陥り、飢餓が広がる。世界でも日本でも、耕す農民が土地を持つ農民的土地所有が解体され、多国籍企業的土地所有とでも呼ぶのがふさわしい新しい土地所有形態が支配的な流れになろうとしているのである。

ここで国家戦略特区に立ち返り、いまの世界の現実のなかに置き直してみよう。国家戦略特区とは、新たな周辺、植民地づくりである。特区はもともと、開発途上国が経済を振興するために、港の近くを貿易特区として外資を呼び入れ、国内法の適用をはずして自由な企業活動を保障して投資を促したのが発端である。それは植民地主義の一つの形であり、新植民地主義と言える。国家戦略特区はその国内版、国内の植民地づくりと見てよい。では、なぜ国内に植民地が必要なのか。

これまで資本主義は、ヨーロッパ列強の植民地支配に典型的なように、周辺を侵略、支配、管理することで発展してきた。海外へ出ていき、その地に生きる人びとの土地や水を自分たちのものにしていったのだ。植民地にする土地がなくなると、次は安い労働力を求めて海外に進出した。その低賃金構造も少しずつ崩れ始め、安い労働力の使い捨てができにくい状況が生まれた。搾取の対象としての周辺がなくなってきたのである。そこで登場したのが、搾取の対象としての新たな周辺づくりである。それが国家戦略特区であり、プロサバンナだ。日本でも海外でも、農民から農地を剥ぎ取り、漁民から海を剥ぎ取る。こうして、新たに搾取する周辺をつくりだす。ここに国家戦略特区の本質的な意味がある。

4 村の現実と大規模農業の虚構

国際競争に勝ち抜くために「強い農業を」という掛け声が、ますます強くなっている。そうした論を読んだり聞いたりするたびに、二つのエピソードを思い浮かべる。

一つは、ぼくが住んでる埼玉県秩父市の日帰り温泉での、地元のおやじさんとの会話である。

ぼくの住まいは、流れが速い荒川がつくりあげた秩父特有の河岸段丘のひとつである小高い山の上の緩い傾斜地にある。以前は純粋な農業集落（秩父では「〇〇耕地」という言い方をする）だったが、いまは奥秩父の山間部の集落から移り住んだ人を中心に家が増えた。さらに、勤め人の若い世代が安い土地を求めて家を建て、しだいに世帯数が増えている。水がないので耕地はすべて畑だが、耕作放棄され、山に帰ってしまったところも多い。

秩父の耕地は表土(3)が薄く、すぐに固い粘土盤に突き当たる。地浅《じあさ》と地元で呼ぶこの耕地条件のため、根物はダメだ。試しに大根を作ってみたら、先が折れ曲がったり、二股や三股になってしまった。ただ、不思議とジャガイモは美味いものができる。地元の人がゴボウを作ったら、先がほうきのようになってしまった。その人は知恵者で、ゴボウも味がよかったので、「秩父ゴボウ」と名付けて市場に出したけれど、調理の手間が面倒で売れず、あきらめてしまった。

秩父は零細な山間地農業地域だ。日本列島にある各地の村と同様、地形や自然条件を活かし、農業で暮らしの一部あるいはすべてをまかないながら生きてきた。複雑で多様性に富む地形と地質、変化に富む季節の移り変わりは、この列島の農業を実に多様で豊かにしてきた。谷一つ違えば異なる品種があり、それを育てる独特の技術や土地利用の方法がある。そこで作られた農作物を美味しく食べ、長持ちさせる調理や加工、保存の知恵が生まれた。その主人公は農民＝百姓である。そうした百姓の営みを受け継ぎなが

（3）もっとも表層部にある土壌。有機物や微生物を豊富に含み、生物学的な活動がもっとも活発に起こり、農作物の栽培上もっとも重要である。

ら、秩父の農民のいまがある。

観光イチゴやブドウを除き、専業農家はほとんどいない。一方、年金高齢農家、兼業農家、女性農家はたくさんいて、年金やパート収入、給与の足らざるところを農業収入で補いながら、みんなつましく生きている。

秩父には沸かし湯の鉱泉が多い。我が家から三〇分〜一時間ほど歩く範囲にもいくつかの鉱泉があり、原稿書きに飽きると、まだ日が高いうちからぶらぶらと山道を歩いて日帰り温泉に出かける。ある日、湯につかっていると、五〇年配の地元の人が話しかけてきた。いまは土方に出ているが、家は代々続く農家で、秩父ではわずかしかない平場に一ヘクタールほどの田畑を持っているという。土地の少ない秩父では、大百姓に属する面積だ。その人は湯につかりながらぼやいた。

「じいさんは道楽の多い人で、百姓をしながら俳句をひねり、農村歌舞伎の役者をやり、木彫りに熱中したりしていた。あくせくしないで、ゆったり暮らしていたなあ。親父は道楽こそしなかったが、百姓だけで生活を支え、五人の子どもを育て上げた。自分の代になったら、しだいに百姓だけで食っていけなくなり、いまでは土方が中心になってしまい、年中あくせくしている。土地は、減らしもしていなければ、増やしもしていない。いったい、なぜ、こうなるんだ」

その人は自分で答えを出した。

「もう百姓はいらなくなったんだよなあ」

それでも、自分は百姓をあきらめないという。

「勤め人と違って、土方だから国民年金しかない。小さくても、かあちゃんと二人で百姓を続けて、農協の直売所や地元の市場に出して百姓＋年金でやらないと、夫婦二人生きていけない」

次に紹介するのは、エピソードというより、ぼくが出会ったもっとも品性下劣な文章だ。規制緩和や経済の成長路線などを議論する政府のいろいろな機関によく名前を出しているエコノミスト山下一仁氏が『週刊ダイヤモンド』(二〇一一年四月二三日号)に書いた、「効率的な農業と生活を実現する農村復興策を大胆に実行すべき」というタイトルの一文である。山下氏は農水省農村振興局次長などを歴任後に民間に移り、財界系のシンクタンクで活動している人物だ。

この一文で彼は、「今回(の東日本大震災)は、農業を効率的な産業として新生させる大きなチャンスでもあるのだ」と説いた。その雑誌が発行された二〇一一年四月中旬というのは、東日本大震災から一カ月しか経たず、数千人という行方不明者の生死も判然としないまま、人びとが悲嘆にくれていた時期である。

それから一カ月後の五月、ぼくは三陸海岸を岩手県宮古市から福島県南相馬市まで歩いた。地震と津波で大きな被害を受けた仙台平野では、根っ子からえぐられた巨木やさまざまのガレキ、つぶれた自動車が横たわり、土がえぐれて塩水が湛水したままの田んぼが一面に広がる光景が延々と続いていた。ここで農業を続けていた農家は、「震災こそ大きなチャンス」と唱える山下氏の言葉をどう聞くのだろう、ふと、そう思った。

山下氏のシナリオはこういうものだ。まず、震災被災地の土地所有権の見直しによる土地の集積。それを大規模経営に集中するため、「戸別所得補償」などの対象を企業的農家に限定。高齢・小規模農家の土地と農業からの排除。世代交代と規模拡大で強い農業をつくり、日本農業全体の効率化を実現――。

山下氏はこうした手段によって「震災発生以前よりも、はるかに強い農業と美しい農村を建設することができる」と書いている。言っていることは簡単だ。震災復興を口実に、一挙に小さい農家や高齢農家をつぶし、一般企業を農業に参入させて、TPPによる「農業開国」に勝ち抜ける大規模農業をつくりあげよう。

津波に襲われた仙台平野の中に立って、その光景を想像してみた。住んでいる人もなく、コミュニティは消え、人影がないただ広いだけの圃場で、大型機械が唸る音だけが聞こえる、この人にとっては、これが「美しい農村」なのだろうな、と。

列島のどこにでもある村で生き、懸命に働く人たちの思いと、東京の永田町や霞が関、大手町の光であふれたオフィスや閉ざされた会議室で、人の生き方や自然や田や畑をまるでゲームのように扱う権力周辺の思考との間にある深い闇が、この二つのエピソードから浮かび上がる。そして、この日本では、権力者やその周辺のポチが密室にこもってつくりあげたゲームが、いつの間にか現実を動かし、人っ子一人いない「美しい村」をつくりあげる。その最先端にあるのが国家戦略特区なのだろう。

5 米価低落の秋に考える

二〇一四年秋。米の収穫期を迎え、生産者の手取り米価が下がっている。六〇キロ(一俵)あたり玄米で、前年産に比べて二〇〇〇~三〇〇〇円の値下がりとなっている。暴落といってよい状況だ。銘柄米でも一万円を切り、八〇〇〇~九〇〇〇円といったところだ。一方、米の生産費は農水省の計算によると、二〇一一年の全国平均で、六〇キロあたり玄米で一万五九五七円となっている。生産者は一俵出すごとに、七〇〇〇～八〇〇〇〇円の赤字となる。

同じように生産者の米価が大幅に下がった二〇〇六年秋、東北の米どころを歩いた。米価の値下がりにともない、規模拡大した大型農業が経営を維持できなくなっている状況が、はっきり現れていた。当時の生産者手取り米価は、下がったとはいえ六〇キロ一万二〇〇〇円は確保していた。ただし、一〇～一五ヘクタールという平均規模のほぼ一〇倍に当たる大型稲作経営でも、生産費は六〇キロあたり一万一五〇〇円強。赤字か、赤字転落のギリギリのところにあった。

こうした大型経営は、借地して、設備投資で数千万円の借金をかかえているのが通常だ。借金返済はおろか、水利費の滞納が始まっている水利組合さえ出てきていた。米作り農家が水代金を払えないという、前代未聞の事態が起きていたのだ。

村で大きな問題になっていたことのひとつは、近隣の農家から借地して規模を拡大してきた大規模農家が経営縮小に乗り出し、農地を返すと言い出したことだった。だが、いまさら農地を返されても、歳をとったし、後継ぎはいないので、どうにもならない。こうした農地が売りに出され、農地価格は一九八〇年代末のバブル期から九〇年代初めのピーク時と比べて、半分から三分の一に暴落していた。

この二〇〇六年の状況は、いまもっと厳しい形で村を襲っている。おまけに、安倍政権の農政改革で、戸別所得補償制度（現・経営所得安定対策）の固定払いは、今年から一〇アールあたり一万五〇〇〇円から七五〇〇円に半減された。一俵あたりにすれば平均八五〇円程度だ。

農業で暮らしが成り立たなくなった農家は耕作をあきらめ、そこを狙って食品や流通などの大手資本を中心に、さまざまな企業が農業への参入を進めている。食糧自給率が極端に下がっているが、一方で大きな国内市場が存在する。ある面で、企業にとってはビジネスチャンスでもある。輸出産業化を狙う企業もある。こうして農民的土地所有が崩れ、農地は耕す者から離れていく。農業における国家戦略特区は、その先ぶれにすぎない。

ここで、改めて「農民的土地所有」の意味について考えてみたい。そもそも土地や水、海や森といった自然は、誰のものでもない。みんなのものなのだ。「農地はみんなのもの」という農地が本来持つ公《おおやけ》性を私的所有という枠組みのなかで精一杯表現したのが、「農地は耕す者のみが所有し、利用できる」という農地法の根幹を形づくっている思想である。それに対して資本による農地の所有・利用は、農地が持つ公性の真っ向からの否定にほかならない。資本の論理と公の論理は交わることがないからだ。

だとすれば、いま必要なのは、農地が持つ公性を維持し、発展させるためにはどういう仕組みがよいかという、土地問題の根本に立ち返っての議論だろう。それは、資本の所有というういっそうの私的所有、土地独占に農地をゆだねることではない。

いま日本では、土と触れたい、自分の食べるものは自分で作りたいなど、農地に対する人びとの望みがあふれている。農民が協力して、市民が農地に自由にアクセスできる仕組みをつくることこそが、農地が持つ公性を発展させる道のはずだ。それを、ここでは市民的土地所有と呼ぶことにする。

いま日本の農業は、そうした根本に立ち返った議論と市民の運動を必要としている。国家戦略特区に対峙する運動も、そうした大きな戦略的枠組みのもとで、世界の土地から排除されつつある小さな農民の運動と結びながら、組み立てていく必要がある。

第7章　米韓ＦＴＡで起きたこと――日本の将来は韓国にあり

郭　洋春

❶　韓国の経済自由区域で何が起きたのか

安倍政権は二〇一四年九月二日、地域限定で規制緩和を行う国家戦略特区の対象地域を増やすため、第二次選定作業に入った。この日までに手を挙げた四八の自治体から一一月までにしぼりこみ、新たに指定する方針だ。

現在、特区と呼ばれるものは世界中で九〇カ国、三〇〇〇カ所以上あると言われている。そのかぎりでは、特区は一般的な存在だ。しかし、ほとんどは開発途上国にあり、遅れた経済の発展を外資の力を借りて加速させようという目的である。先進国の新たな経済成長の担い手＝推進力として利用しようというアベノミクスのようなケースは、きわめてまれだ。強いてあげれば、韓国が行っている経済自由区域での規制緩和が該当する。国家戦略特区構想は、韓国のそれを模倣したものとみることもできる。

韓国の経済自由区域は二〇〇三年に構想・推進され、済州道を除く全国各道に一カ所ずつ、八区域九三地区で構成されている。では、この経済自由区域で何が起きているのか。

米韓FTA（自由貿易協定）は二〇一二年三月に発効した。その後、医療に関しては、自由診療だけでなく、営利目的の外国資本病院の設立も許可された。二〇一四年八月には、「一〇％以上の外国籍医師を雇わなければならない」と規定していた設立基準を、「外国籍医師を雇うことができる」という文言にまで緩和した。これによって、二〇一七年には一三年の二・五倍にあたる一五〇〇万人の外国人患者を呼び込む計画と言われている。

これに対して医師協会などからは、「経済自由区域とはいえ、韓国人も診療を受けられるのだから、最終的には海外の巨大な資本に国内医療市場が飲み込まれることになる」と反対の声があがっている(1)。

教育に関しては、米国のニューヨーク州立大学が二〇一二年三月に仁川《インチョン》市の松島《ソンド》国際都市に開校したのを皮切りに、ジョージ・メイソン大学とユタ大学、ベルギーのゲント大学が二〇一四年に開設された。

これらの開設にあたって韓国政府は、外国の大学が韓国で得た決算上の剰余金の一部を本国に送金できるよう法令を改正し、設立支援金などの補助金も増やすと約束した（まだ実行はされていない(2)）。要するに、外国の大学を誘致するため、その大学が得た収益を本国に送金できるばかりか、設立する際の費用は韓国政府が負担するというのだ。このお金が韓国民の税金であることは言うまでもない。

問題は、欧米、とくに米国式の大学運営が持ち込まれることだ。それは一言でいうと、有名大学卒業を手にするために高負担（学費）を強いられ、あげくの果てにはローン地獄に陥ることを意味する。現に、松島国際都市に開校したユタ大学の授業料は二万ドル（約二〇〇万円）であるのに対し（米国の本校より安いと宣伝しているが)、韓国の有名私立大学である高麗大学や延世大学の授業料は八二万～八五万円だ。国立のソウル大学は六〇万円と、三分の一以下である。

その結果、富裕層でなければこうした外国の大学に入学できず、所得格差＝教育格差が生じることになる。これは医療も同じだ。経済自由区域を契機に、韓国社会はますます格差社会へ変貌していく。これは、安倍政権が推し進める国家戦略特区にもそのまま当てはまる。

しかも、経済自由区域で起きている深刻な問題は、想定した企業誘致ができていないことだ。韓国政府は、二〇一三年に新たに指定された東海岸と忠北(忠清北道)区域の計八地区を除いた六区域八五地区の経済自由区域について、二〇一二年七月に事業評価を実施した。その結果、一一地区が「事業不振」、一八地区が「普通」、四七地区が「良好」、九地区は「(判定)保留」と評価された。要するに、半分程度の経済自由区域しかうまくいっていないというのだ。

また、経済自由区域が二〇〇三～一三年の一〇年間で誘致した外国資本は、この期間に韓国全土に入ってきた外国資本のわずか六%にすぎない。しかも、仁川(四〇億ドル)、釜山鎮海《プサンチネ》(一五億五〇〇〇万ドル)、光陽《クァンヤン》(全羅南道、八億五〇〇〇万ドル)を除いた残りの五区域は、外資誘致が一件もない。

さらに、特区四カ所のうち三カ所が「良好」と評価されたセマングム・群山《クンサン》地区(全羅北道)の場合でも、指定から五年が過ぎた二〇一三年三月にようやく初の入居業者が決まった。ただし、外国資本ではなく国内企業のOCI(旧東洋製鉄化学)である。そして、当初の計画だった一〇兆ウォン(約一兆円)規模の太陽

(1)『新華経済』(中国)二〇一四年八月一八日。
(2)『中央日報』二〇一二年四月三日。

光関連の工場から、一兆〜二兆ウォン（約一〇〇〇億〜二〇〇〇億円）規模の熱併合発電所と新素材工場に大幅縮小されての入居であった。

経済自由区域の建設には約一三二兆ウォン（約一三兆円）もかかり、その一〇〜一五％は政府予算でまかなわれたものである。にもかかわらず、政府の計画どおり外国資本を誘致できないばかりか、特区としての役割も果たせていない。その理由は何か。

それは、韓国ほど経済発展した国に外国企業が進出しようというインセンティブが働かないということだ。前述した三〇〇カ所以上の経済特区を上回るインセンティブがなければ、外国資本を呼び込むことはできない。

日本の国家戦略特区には、なおさら外国資本は来ないだろう。後発の特区であればあるほど、規制緩和・自由化の水準を上げなければならない。だが、それは世界中の特区ですでに実施され、外国資本は進出済みだからだ(3)。したがって、アベノミクスの第三の矢の柱となる国家戦略特区が安倍政権が構想する成果を生み出す可能性は低い。たとえ成果が生まれるとしても、そこには格差という新たな問題をかかえることになる。しかも、TPP（環太平洋パートナーシップ）協定が発効すれば、なおさら格差は大きくなる。

2 改めて米韓FTAを考える

近未来の日本の姿

米韓FTAは発効される前から、韓国はもちろん、日本でもかなりの関心を持って見守られてきた。なぜなら、くしくも二〇一二年は日本がTPP交渉に参加するかどうかで大きな議論が巻き起こっていたからである。当初より米韓FTAはTPPのミニモデルと言われ、その問題点が指摘されていた。そして、発効から二年が経ったいま、その懸念は現実味を帯びつつある。

ところが、日本では最近、米韓FTAについてあまり報道されない。その結果、予想していたような懸念はなかったのではないかと、多くの人が思い始めている。しかし、現実は逆である。韓国では当初予想した以上の問題が起きている。

したがって、いま一度米韓FTA発効後の韓国社会を検証することは、TPP協定が締結されたときの日本社会、さらに国家戦略特区設置後の日本社会を考えるうえで、きわめて重要な意味をもつ。第8章で述べられているように、TPPと国家戦略特区は「新自由主義の双子」である。以下では、米韓FTAをTPP、国家戦略特区と読み替えていただければ、近い将来の日本社会の姿が見えてくるだろう。

韓国経済は発展したのか

韓国貿易投資振興公社(Korea International Trade Association : KITA)が二〇一四年三月一五日に発表した「韓米FTA発効二年の対米輸出成果と分析」によれば、米韓FTA発効により、対米輸出額は二〇一一年の五六七億ドルから一三年には六二二億ドルへと九・八％増加した(同じ期間の対世界輸出額増加率は

(3) 国家戦略特区の問題点に対する詳細な分析は、拙稿「異形の経済制度——国家戦略特区」(『世界』二〇一四年八月号)を参照されたい。

表 7-1　韓国の対米輸出額の推移

（単位：1000 ドル、％）

年月	輸出額	前月比	年月	輸出額	前月比	年月	輸出額	前月比
2012年1月	4,123,411	−11.57	2013年1月	4,960,892	8.17	2014年1月	4,856,788	−6.07
2012年2月	5,619,301	26.62	2013年2月	5,002,518	0.83	2014年2月	4,664,141	−4.13
2012年3月	5,934,644	5.31	2013年3月	4,978,892	−0.47	2014年3月	5,814,265	19.78
2012年4月	5,307,363	−11.82	2013年4月	5,347,295	6.89	2014年4月	6,376,665	8.82
2012年5月	4,726,886	−12.28	2013年5月	5,744,405	6.91	2014年5月	6,058,726	−5.25
2012年6月	4,977,490	5.03	2013年6月	5,292,652	−8.54	2014年6月	6,087,800	0.48
2012年7月	4,692,004	−6.08	2013年7月	5,153,831	−2.69	2014年7月	6,116,018	0.46
2012年8月	4,221,898	−11.13	2013年8月	4,973,463	−3.63			
2012年9月	4,813,842	12.30	2013年9月	4,733,799	−5.06			
2012年10月	4,438,501	−8.46	2013年10月	5,465,244	13.38			
2012年11月	5,113,742	13.20	2013年11月	5,247,925	−4.14			
2012年12月	4,555,475	−12.25	2013年12月	5,151,571	−1.87			

（資料）韓国貿易投資振興公社。

〇・八％）。また、米韓ＦＴＡ恩恵品目（輸出関税が撤廃された品目）についても、二〇一一年の一六六億ドルから一三年の二一四億ドルへと二八・三％増加している。一方、非恩恵品目は同じ期間に七・九％の増加にとどまった。このことから、米韓ＦＴＡは対米輸出額増加にかなり役立ったとしている。

これだけを見ると、米韓ＦＴＡは韓国に多くの恩恵をもたらしたことになる。だが、二〇一二年三月から二〇一四年七月までの二九カ月のうち、対米輸出額が前月を上回ったのは一三カ月にすぎない。残りの一六カ月は、前月に比べると輸出額が減少している（表7-1）。要するに、年間の対米輸出額は増加しているように見えるが、毎月の輸出額は減少している場合も多いということだ。決して、対米輸出額が順調に増加し続けているわけではない。

一方、米国からの輸入額についてみると、二〇一一年の四四六億ドルから一三年には四一五億ドルへと、六・九％減少した。同じ期間に、対世界輸入額は一・七％の減少である。これは、世界全体の輸入額の減少＝萎縮が米国からの輸入額も減少させていることを意味する。つまり、韓国経済は順調に発展しているのではなく、長期停滞状況に陥りつつある。国内での消費需要が低迷している結果、モノが売れない＝輸入額が増えない状況にあるということだ。

したがって、現在の韓国経済は、米韓ＦＴＡの効果によって輸出が増大し、輸入が抑制されているわけではない。

再交渉ができない―ＩＳＤ条項

米韓ＦＴＡにせよＴＰＰにせよ、大きな問題の一つが、企業が国家を訴えられるＩＳＤ条項（Investor State Dispute Settlement：投資家対国家間の紛争解決条項）の存在である。韓国では、企業が恣意的に運用できる危険な制度として、毒素（ポイズン）条項と呼んでいる。

米韓ＦＴＡに反対する人たちは、この条項を削除するよう要求してきた。これに対して、韓国政府は一貫して「ＩＳＤ条項は、韓国企業が米国に進出した際、不利な扱いを受けた場合の対抗措置として必要」として削除に反対する一方で、万一韓国内でＩＳＤ条項による問題が発生した際には米国と再交渉すると言って、反対派を説得し続けてきた。米韓ＦＴＡの国会通過を前提に、再協議を約束したのである。

たしかに、米国通商代表部（ＵＳＴＲ）は米韓ＦＴＡの国会批准を控えた二〇一一年一一月の時点では、発効後三カ月以内に再交渉を要求するという李明博《イミョンバク》前大統領の提案に対して、「米韓ＦＴＡが発効されれば、韓国が提起するいかなる問題についても交渉する準備ができている」と述べていた。しかし、再交渉の約束をしたにもかかわらず、李明博前大統領は再交渉をでき（し）なかった。

二〇一二年五月三日、ＵＳＴＲのウェンディ・カトラー通商代表補が再交渉の可能性を否定したからでである。いざ発効してみると、米国政府は手のひらを返したかのような態度を示した。米国の主張は、米韓FTAの合意のためひとまず交渉のテーブルについたが、議論と改正は別問題であるというのだ。これは、米国との交渉においては、いかなる幻想も持ってはいけないということを物語る事実である。

韓国政府自身も、再交渉を要請する気がない。チェ・ギョンニム産業通商資源部通商次官補は二〇一三年七月一七日、「民官専門家タスクフォース(4)は、ISD条項に対して、韓国社会の根幹を揺るがすほどのものではないと結論づけた」と発言し、再交渉する予定はないことを明らかにした。タスクフォースは李明博前大統領の約束によってISD条項に対する政府案をつくるために二〇一二年三月から一二月まで運営された諮問会議であり、その結論はそのまま政府案と言ってもよい。

韓国政府は再交渉を前提にISD条項を盛り込んだにもかかわらず、いったん発効してしまえば再交渉の必要はないと言い始めたのだ。これは、明らかに韓国民を馬鹿にした発言である。その結果、後述するように、投資会社のローンスターが訴訟を起こした。さらに、世界的に有名な大型会員制倉庫型店コストコが、ソウル市の営業日数規制を無視した営業と指摘されたことに不服を申し立て、ISD条項を発動するのではないかと言われている。

韓国では、二〇〇六年に大法院(日本の最高裁判所に当たる)が、ISD条項について「深刻な法的混乱を招くようになる」と憂慮を示したことがある。司法の見地からも問題が指摘されている条項について、いったん締結されてしまえば再交渉すらできない。これが米国との交渉の結果なのである。

3　米韓FTA発効後に何が起きたのか

発効後すぐに開始された混合診療

韓国保健福祉部は二〇一二年四月三〇日に「経済自由区域の指定および運営に関する特別法」を作成し、外国病院の開設許可基準を盛り込んだ施行規則案を制定した。①外国で設立・運営されている医療機関との協力があること、②外国の免許を所持した医師が一定の割合で勤務していることを条件に、経済自由区域内で外国資本病院＝自由診療を認めるという内容だ。

保健福祉部は当初、経済自由区域内の外国医療機関は基本的に同区域に居住する外国人用の医療サービスとして設立されるものであり、区域外での運用は認めないと説明してきた。だが、経済自由区域内に限定するとはいえ、国内に国の医療制度とは異なる自由診療が認められるということは、二つの医療制度の混在を意味する。それは医療制度・技術の二重化＝格差をもたらし、国内での自由診療開放につながる可能性がある。

現に韓国政府は、全国に六カ所（当時）ある経済自由区域を一二カ所に倍増する方針を打ち出した。その結果、自由診療地域が拡大すれば、韓国は混合診療が大手を振るう社会に転換してしまうだろう。それ

（4）国際法学者、行政法学者、通商・投資専門家、判事出身教授など民間専門家九人と政府関係者六人の一五人から構成された韓国政府の諮問会議。韓国政府は、このタスクフォースでISD補完対策を議論した後、米韓FTA発効後九〇日以内にサービス投資委員会で再協議すると国民に約束していた。

は、国民皆保険制度の崩壊と、所得によって受けられる診療に差が生まれる医療格差社会を意味する。

さらに、韓国の民間医療機関による経済自由区域内での混合診療を認める方針も打ち出した。これをうけて、韓国最大の財閥であるサムスン(三星)グループとソウル大学病院がさっそく名乗りをあげた。今後、経済自由区域の拡大とともに、混合診療も拡大していくことになる。国家戦略特区でも同じことが起きるだろう。

米国の傲慢さを示したBSE問題

米国農務省(United States Department of Agriculture：USDA)は二〇一二年四月二四日、カリフォルニア州の月齢三〇カ月以上の乳牛一頭に牛海綿状脳症(Bovine Spongiform Encephalopathy：BSE)[5]の感染が確認されたと発表した。これに対し、韓国の野党・民主統合党や統合進歩党、市民団体は、直ちに米国産牛肉の輸入を中断すべきだと主張。与党セヌリ党議員の一部や大統領府関係者も、米国産牛肉の国内流通を中断すべきだと述べた。

ところが、農林畜産食品部長官は、米国から届いた資料を検討したうえで、検疫の中止(つまり輸入の中止)はしないと発言した。政府が米国産牛肉の輸入中止措置を行うには、国際獣疫事務局(L'Office International des Épizooties：OIE)[6]が米国でBSE発生のリスクが高まっていることを認定し、米国自身が狂牛病危険統制国と認めなければならないからだ。そのためには、輸入禁止にするだけの科学的根拠を韓国側が証明しなければならない。

今回のBSEが稀に自然発生する「非定型」と呼ばれる新型であることも、政府の動きを鈍くした。しかし、重要なのはＢＳＥが発生したという事実である。国民の不安の解消を最優先課題にするのが、政府の本来の姿勢ではないか。

また、米国産牛肉の安全性を確認するために渡米した政府の調査団が、感染牛が発見された農場への訪問を果たせないまま帰国の途に就いたことも、大きな問題となった。訪問できなかった理由は、農場の経営者が公開を拒否したからだ。公共財より私的財産が優位に立つ米国社会では、国際問題であろうが個人の権利を尊重するのである。われわれの常識が米国にも通じるだろうと考えるのは短絡的な発想で、米国は常識が通じない国なのだ。

さらに米国の傲慢さを表す一例が、ＢＳＥが発生すると言われている月齢三〇カ月以上の牛の骨なし牛肉の輸入を認める措置を発表したことである。農務省傘下の動植物検疫所(Animal and Plant Health Inspection Service：APHIS)が、当該牛肉の輸入規制の緩和を許容する措置を二〇一五年二月から施行するのだ。これは、月齢三〇カ月以上の米国産牛肉の輸入を制限している(BSE牛に対して厳格な対応・措置をとっている)韓国と日本に、市場開放圧力を加えるための手続きと受けとめられている。

(5) 牛の病気の一つで、ＢＳＥプリオンと呼ばれる病原体に牛が感染した場合、脳の組織がスポンジ状になり、異常行動、運動失調などを示し、死亡する。ＢＳＥに感染した牛の脳や脊髄などを原料とした餌が他の牛に与えられたことが原因で、英国などを中心に感染が広がった。日本でも二〇〇一年九月以降、一四年九月までに三六頭の感染牛が発見されている。

(6) 一九二四年に二八カ国の署名を得てフランスのパリで発足した、世界の動物衛生の向上を目的とする政府間機関。動物衛生や人獣共通感染症に関する国際基準の作成を行っている。

実際、動植物検疫所は報道資料で「この規定変化が新たな市場を開き、米国製品に対して残っている制限を除去するうえで役立つことを希望する」と述べ、市場開放圧力をかけることをほのめかした。米国の独りよがり・傲慢さを表す一例である。

公共政策が捻じ曲げられた自動車産業

現在、世界的規模で環境政策が注目され、さまざまな環境保護政策がとられている。韓国でも自動車産業に対して、二〇一三年七月から低炭素車協力金制度の導入が決定された。二酸化炭素の排出量が二〇〇〇cc未満の自動車を購入すると最大三〇〇万ウォン（約三〇万円）の補助金が交付され、逆に排出量が二〇〇〇cc以上の自動車を購入すると最大三〇〇万ウォンの負担金を課すという制度である。日本版エコカー減税を一歩進めたものと言える。

ところが、この低炭素車協力金制度の導入が突然、二〇一五年まで延期されることになった。米国の自動車業界などが反発したからだ。米国の大手自動車メーカーでつくる米国自動車政策会議は二〇一二年八月、同制度は「米韓ＦＴＡが禁止する貿易の技術的障害協定(7)（Agreement on Technical Barriers to Trade：TBT）違反に当たる可能性がある」という意見書を韓国政府に提出した。周知のとおり、米国車の大半は二酸化炭素の排出量が二〇〇〇cc以上である。二〇〇〇cc未満の自動車生産には技術的にすぐに対応できないので、韓国に輸出する米国製自動車のほとんどが負担金の対象になるとみたのだ。

その結果、低炭素車協力金制度は二年間凍結された。これに対して韓国のメディアは、「米韓ＦＴＡを盾とした米国の圧力の結果であり、ＦＴＡによって国の政策が挫折した初の事例だ」と報じ、公共政策が米韓ＦＴＡによって捻じ曲げられた最初のケースとして波紋が広がっている。

米国は、中国と並んで世界でもっとも多くの二酸化炭素を排出している国だ。米中二国で世界の四〇％を超える。これだけ多くの二酸化炭素を排出し、地球環境を汚染していながら、その行為を改めるどころか、韓国が環境保護のための公共政策として導入した低炭素車協力金制度を、自国の自動車産業の不利益になるとして問題視したのである。

これを日本に置き換えれば、エコカー減税制度がクレームの対象になる。エコカー減税は、経済産業省の主導で二〇〇九年度にスタートした。二〇一二年度は「新エコカー減税・中古車特例」として、減税対象車の燃費基準を切り替え、環境性能に優れた自動車に対する負担軽減を重点化して実施されている。期間は三年間延長され、新車を購入する場合はエコカー補助金と併用できる。

大型車を中心に生産する米国の自動車産業から見れば、これは明らかにＴＢＴに違反する。もしＴＰＰが発効したら、米国は間違いなくエコカー減税制度を凍結・廃止するよう求めてくるだろう。そこには、日本人・日本社会に対する配慮など微塵も感じられない。殺伐とした企業の論理だけがまかり通ることになる。

いったい、どちらの態度が正しく、どちらの態度が問題なのだろうか。企業の論理がすべてに優先する

（7）一九七九年四月に国際協定として合意され、ＷＴＯ加盟国すべてに適用される。工業製品などの各国の規格および規格への適合性評価手続きが不必要な貿易障害とならないよう、国際規格を基礎とした国内規格策定の原則、規格作成の透明性の確保を規定している。各国で異なる規制や規格によって製品の国際貿易が必要以上に妨げられることをできるだけなくそうという主旨である。

表7-2　ローンスターと韓国政府間のISD国際仲裁事件の争点

争　点	ローンスターの主張	韓国政府の主張
金融当局の持株売却承認遅延などにより2兆ウォン台の損害を与えたのか	「2005年にローンスター関連企業に税務調査などで韓国政府が圧力を行使した」「2006年にKB金融持株、07～08年にHSBCに外換銀行株式を売却しようとしたとき、韓国政府が承認を遅らせた」	「国内法および国際法規に従って、透明かつ差別なく処理した」
外換銀行およびスタータワー売却に対する法人税の賦課3932億ウォンは妥当なのか	「恣意的課税」「韓国・ベルギー二重課税防止協定により、ベルギーに株式譲渡収益税を納付すれば、韓国に税金を納める必要はない」「2008年にローンスターコリアを撤収したので、すでに韓国内に事業所はない」	「適法な課税」「ベルギーにあるローンスターの子会社は徴税回避のためのペーパーカンパニーである。したがって二重課税防止協定の適用外である」「ローンスターの雇用人が国内で用役を遂行しているので、事業所はある」

（資料）『中央日報』2012年8月6日。

米韓FTA＝TPPの本質を垣間見た事例である。

ついに発動されたISD条項

さらに深刻な事態は、米国系私募ファンド(8)のローンスターが韓国政府にISD条項を発動すると通知したことだ。二〇一二年八月、ローンスターはこう主張した（表7-2）。

「韓国政府が二〇〇五年に、ローンスター関連企業に不適切な税務調査を行って圧力を加えた。二〇〇六年にKB金融持株、〇七～〇八年にHSBCに外換銀行株式を売却しようとしたときは、韓国政府がわざと承認を遅らせ、数十億ユーロ（約二〇〇〇億円と推算）の損害をこうむった」

このISD訴訟のおもな争点は、①韓国金融当局がローンスターの外換銀行持株売却承認を不当に遅延させたのか、②外換銀行およびスタータワーの売却収益四兆七〇〇〇億ウォンに対する三九三二億ウォンの課税は適切なのか、である。

米韓FTA発効後わずか五カ月足らずでのISD条項の発動は、米国企業がFTAを最大限に活かそうとしていることにほかならない。(9) ローンスターのような世界的企業が韓国政府を相手取って訴えを起こした以上、他の企業が追随するのは間違いないだろう。今後、韓国にISDの嵐が吹き荒れるかもしれない。

さらに驚くべきは、ローンスターが二〇一二年一二月に、韓国政府を相手として、今度は憲法裁判所に憲法訴訟を提起したことだ。ローンスターのバミューダ法人であるハドゥコ・パートナーズ・コリアは二〇〇五年に、ソウルの駅三税務署が法人税一六億ウォンを賦課したことを不服として訴訟を提起していたが、二〇一二年一〇月に敗訴すると、憲法訴訟を起こしたのだ。ハドゥコ・パートナーズ・コリアは、韓国の法人税法が定める譲渡所得(土地や建物を売って得た所得)の対象範囲には具体的内容が記されておらず、租税法律主義(10)を規定した憲法第五九条に違反していると主張した。

ローンスターファンドⅢ(米国)、ローンスターファンドⅢ(バミューダ)とハドゥコ・パートナーズ・コ

---

(8) 少人数の投資家から資金を募って運用されるファンド。一般的には資金を集める対象者と金融商品を販売する対象の限定が特徴であり、プライベートファンドと呼ばれることもある。通常、募集の対象者は五〇人未満などの不特定少数である。一方、対象者を限定しないファンドを公募ファンドと呼ぶ。

(9) ローンスターが実際にISD条項で韓国政府を国際仲裁センターに訴えたのは、二〇一二年一一月である。

(10) 法律により税金の徴収を決めること。法律の根拠がなければ、税の負担を強要されたり、税を徴収されることがないとする考え方で、日本では原則となっている。日本国憲法でも、「国民は、法律の定めるところにより、納税の義務を負う」(第三〇条)とされ、「あらたに租税を課し、又は現行の租税を変更するには、法律又は法律の定める条件によることを必要とする」(第八四条)と定められている。

リアなどで構成されたスターホールディングスは、二〇〇一年にソウル駅三洞のスタータワー(現、江南ファイナンスセンター)を買収し、〇四年に売却して二四五〇億ウォンの譲渡差益を得た。これに対し国税庁は、ローンスターが徴税回避のためにスターホールディングスというペーパーカンパニーを立ち上げたとして、ローンスターファンドに一〇〇〇余億ウォンの譲渡所得税を、ハドゥコ・パートナーズ・コリアには一六億ウォンの法人税を賦課したのである。

しかし、ローンスターは、自分たちは韓国内に事業所を設置しておらず、韓国内の法人ではないので、税金を納める必要がないと主張した。これは、米韓FTA第12章の「越境サービス貿易」に規定されている「いかなる当事国も、越境サービス供給の条件として、他方の当事国のサービス供給者に自国領域での代表事務所またはいかなる形態の企業の設立または維持を要求したり、居住者にならなければならないと要求することはできない」(サービスの非設立権条項)を根拠にしていると思われる。

要するに、米韓FTAの本質である「企業の市場へのアクセスと自由な経済活動」のためには、いかなる法律や制度も障害となってはならないということである。「事務所がないから、自由な経済活動をして利益を上げても税金は払わない」という主張は、あまりにも法と秩序を無視している。だが、ここにこそ、米韓FTA＝TPPの真の狙いがある。米国企業にとって、他国の市場は利益を収奪する場でしかないのだ。

被害が発生した牛肉産業

二〇一三年四月二九日、農林畜産食品部は韓牛と子牛を被害補填支援対象品目に選定した。これは、米韓ＦＴＡを締結した二〇一二年の牛肉輸入量が過去五カ年平均より一五・六％増え、畜産農家が被害を受けたことに対応する措置である。とくに、米国産牛肉の輸入量は五三・六％も増えた。価格の下落も、韓牛は五カ年平均価格より一・三％、子牛は二四・六％にもなった。韓国は二〇〇四年にチリとの間で最初のＦＴＡを締結して以降、約三〇カ国と締結してきた。その大半に被害補填直払金制度を設け、農家を保護してきたが、被害補填支援対象品目が出たのは米韓ＦＴＡが初めてのケースである。(11)

では、米韓ＦＴＡによってどれだけの関税が引き下げられたのか。わずか二・七％である。牛肉の関税四〇％を、一五年かけてゼロにすることで合意していた。にもかかわらず、米国産牛肉の輸入量は五三・六％も増加し、（子牛）価格は二四・六％も下落したのである。

その理由は簡単だ。関税が引き下げられたことによって輸入業者が大量に買い付けたからである。この事実からわかるように、わずかでも関税が引き下げられれば、価格はそれ以上に下落する。その結果、生産者は大きな打撃を被り、廃業へと追い込まれる。「強い農家を育てる」と言っても、時間がかかる。大量に流入してくる農産物に、すぐには対応できない。できるのは廃業だけだ。日本政府のいう農業支援とは、絵に描いた餅と言わざるを得ない。

この結果、何が起きたのか。牛肉の過剰と、それによる価格の下落だ。そのため、小規模肉牛農家は経営を続けられなくなり、肉牛農家が減少していく。現に、二〇一四年六月の飼育頭数は前年同期比で一八

(11)　ＦＴＡの履行により国産農産物の価格が基準価格より下がった場合、下落分の九〇％を補填する制度。直払金支援対象になるためには、輸入量が過去五カ年平均より増え、国産の価格が過去五カ年平均の九〇％以下に下がる（一〇％以上、下落する）ことが条件である。

万頭、六・〇％減少し、二八八万頭になった。政府は適正飼育頭数を二五〇万〜二六〇万頭と計算しているが、一時は三〇〇万頭以上を飼育していた状況を考えるならば、一七％もの減少になる。

外国からの安い牛肉の輸入↓飼育頭数の削減による卸価格の維持↓生産農家の減少という構図だ。これでは将来、畜産農家、ひいては農業従事者が減少していき、農業全体が衰退してしまう。

やはり米市場を開放した韓国政府

政府は二〇一四年七月一八日、二〇年間持続してきた「米の関税化猶予」を止め、一五年から米市場への関税設定による全面開放を宣言した。これは、米韓FTA交渉で米を例外品目とした決定を反故にするものだ。農林畜産食品部は三〇〇〜五〇〇％の関税を検討していると言われ、「国益のために、米の関税化はこれ以上先送りできない」と主張する。これに対して全国農民会総連盟は、「政府がWTOとの交渉すら試みず、関税化方針を固めたのは、食糧主権を放棄する暴挙である」と反発している。

韓国は一九九四年にウルグアイラウンド交渉を妥結して以後の二〇年間、一〇年ずつ二回にわたりWTOから米関税化の猶予措置を受け、その代わりに義務輸入物量として、一定量の米を輸入し続けてきた。[12]

全国農民会総連盟と全国女性農民会総連合などが参加している「食糧主権と食べ物の安全を守る汎国民運動本部」は二〇一四年七月一八日に記者会見を開き、「米の関税化は全面開放の出発点」としたうえで、「最初は高い関税をかけても、FTAやTPPの交渉で関税率を維持できるとは思えない。撤回すべきだ」と要求した。[13]

問題は、この米市場の開放をあらかじめ米国に約束していたのではないかということだ。二〇〇七年当

表7–3　米韓FTA発効後に起きたこと

2012年3月	米国商務省、サムスン電子・LG電子の冷蔵庫に反ダンピング関税賦課	貿易救済
4月	経済自由区域での自由診療許可	医療
5月	マイクロソフト社、国防部に賠償請求	知的財産
6月	BSEの発生に対して十分な調査できず、輸入継続	食の安全
10月	保健福祉部、経済自由区域内で営利病院開設のための施行規則を公布	医療
11月	ローンスター、ISD条項で韓国政府の提訴発動	ISD
2013年2月	韓国版エコカー減税制度、2年間延期	公共政策
4月	農林畜産食品部、韓牛と子牛を被害補填支援対象品目に選定	関税
2014年7月	2015年から米市場開放決定	市場アクセス

（資料）筆者作成。

時、米韓ＦＴＡ交渉の韓国側代表だったキム・ジョンフン外交通商部通商交渉本部長が、アール・ポメロイ米下院議員とアレクサンダー・バーシュボウ駐韓米大使と会談した際、「ＷＴＯの米クオータ制度は二〇一四年に終了するので、米韓ＦＴＡ発効後も再協議できる」と回答していたからだ。いわゆる密約である。

今回の米市場開放は、この密約に沿って行われているとみて間違いない。米韓ＦＴＡにせよ、ＴＰＰにせよ、交渉内容がほとんど公開されていない。だから、どのような話がなされているのか、わからない。国民の利益につながることなのか、企業の利益につながることなのか。国家の主人公である国民をないがしろにする国家同士の交渉は、問題と言わざるを得ない。

以上を含めて、米韓ＦＴＡ発効後に起きたことを表7−3に整理した。

(12) クオータ（輸入割当）制度と呼ばれる。

(13) 「ハンギョレ新聞」二〇一四年七月一八日。

約束を次々に反故にする政府

農林畜産食品部は二〇一四年七月二一日、FTA補助金を算出する際に輸入寄与度(14)を新たに反映させる内容の特別法改正案を発表した。特別法の正式名称は「FTA締結に伴う農漁業人らの支援に関する特別法」である。前述の被害補填直払金制度を改め、輸入寄与度を反映させるものだ。その代わり、補填比率は九〇%から一〇〇%に引き上げるという。改正の理由は、法の趣旨と制度の目的を考慮した場合、米韓FTA履行に伴う価格下落分だけを補填するのが妥当であるということだ。

韓国政府が想定している輸入寄与度の考え方を導入すると、二〇一三年の価格下落による二〇一四年の被害補填直払金は、子牛一頭あたり四万六八七二ウォンと推算される。一方、農林畜産食品部の計算によれば、二〇一三年の子牛平均価格は一六三万六〇〇〇ウォンで、子牛基準価格の一八〇万四〇〇〇ウォンに比べて、一六万八〇〇〇ウォンも下落した。

被害補填直払金であれば、この価格下落分の九〇%にあたる子牛一頭あたり一五万一二〇〇ウォンを被害農家に支給することになる。ところが、韓国政府は、一五万一二〇〇ウォンのうち二〇一四年度の輸入寄与度を三一%と算定し、農家には四万六八七二ウォンしか支給しないというのだ。

この特別法の改正は、明らかに、今後被害農畜産物が大量に出ることを見越して、その財政的負担を避けるために被害補償額を限定しようとするものだ。自国の国民・産業を守るべき政府が、被害補償金の負担を抑えるために法を改正しようというのは、政府の責任の放棄にほかならない。いったい朴槿恵《パククネ》政権は、誰のために政策を遂行しているのだろうか。

4 自由貿易協定の真の問題点

　これまで、米韓ＦＴＡ発効後の韓国社会で起きたさまざまな問題についてみてきた。わずか二年間にたくさんの問題が発生したことがわかる。その多くは、関税分野ではなく、非関税分野だ。韓国でも日本でも、米国との自由貿易協定によって被害を受けるのは農業や地方であり、製造業・消費者・都市は安い輸入品によって恩恵を受けると考えられていた。しかし、実際には、非関税分野（医療、環境、課税など）で多くの問題が起きており、経済と社会全体に大きな影響を引き起こす。日本でＴＰＰを議論する際、この視点が欠けている。

　これを裏づけるように、米韓ＦＴＡ発効後、米国のある政府高官がいみじくも発言した。「米韓ＦＴＡの本当の目的は、関税の撤廃ではなく、韓国の法律、制度、習慣を変えることである」これこそ、米国が他国と自由貿易協定を締結する真の目的である。現に、韓国は米韓ＦＴＡ発効に向けて六〇以上の法律、施行令、施行規則、告示・例規を改正した。一方、米国が改正した法律は皆無だ。米国企業が進出先で自由な経済活動をできるようにするために、あらゆる法律・制度・習慣を変えさせる。ここに自由貿易協定の真の狙いがある。米国との自由貿易協定の締結は、決して対等な関係とはなら

(14)　一般的に聞きなれない言葉で、韓国政府が言い出した独特の概念であると思われる。一国の経済成長に対してどれだけ輸入が寄与・貢献したかを表す指標であるが、誰がどんなデータで計算するかによって異なる結果が表れる可能性があり、信憑性が薄いと考えられる。

ない。このことを理解し（でき）ないと、取り返しのつかないことになる。それをどれだけの国民が理解しているだろうか。

親韓派で知られるタミ・オバービー米国商工会議所アジア担当副会長は二〇一四年四月一六日、ワシントン商工会議所で開かれた記者懇談会で、米韓ＦＴＡ履行問題について「履行されない協定は紙の価値さえないというのが米国産業界の考え」とトゲのある発言をし、次のように指摘した。

「私たちは履行問題と関連して、広範なリストを持っている。オバマ大統領が訪韓すれば、問題提起があるだろう。自動車分野では依然として関税の障壁が高く、金融分野では透明性がまだ不足している」

そこでは、自動車分野以外にも、金融・製薬・医療機器・原産地規定・税務監査などをあげた。これらは、先に指摘した非関税分野である(15)。

いったん発効した米韓ＦＴＡで米国の産業に利益が出なければ、協定の履行が不十分だとし、韓国にいっそうの自由化を求める。これが米国の姿勢なのだ。

それだけではない。二〇一四年に入って米国議会と産業界で、米韓ＦＴＡの効果に疑問を提起する指摘が出始めた。韓国の対米輸出額はＦＴＡの恩恵を受ける品目のみ計算すると、二年間で二〇一億ドルから二四三億ドルへ三三億ドル増えた。一方、輸入額は二二八億ドルから二二一億ドルの増加にとどまった。米国側の不満は、韓国の対米貿易黒字が大幅に増えた点である(16)。

朴槿恵大統領は、来韓中の米国商工会議所のドナヒュー会頭ら役員団と二〇一四年七月二四日に大統領府で、米韓間の経済協力策について意見交換した際、米国内の市場開放と保護主義への抑制を要請した。韓国が法律の改正を含めて大幅な市場開放を果たしてきたにもかかわらず、米国はそうでないと韓国のトップが指摘したわけだ。

米韓FTA発効後も利益が出ないと、さらなる市場開放を迫る米国。発効当初から市場を開放しない米国に対して、市場開放を求める韓国。米韓FTAが当初からいかに不平等であったかを物語る事例である。

たしかに、対米輸出額の増大など一部には成果が見て取れる。しかし、それは発効以前より想定されていた。問題は、韓国政府が喧伝していたように国民の生活はよくならず、米国政府・企業から常に市場開放を迫られ、拒否するとISD条項によって訴えられる社会へ変貌したということだ。さらに、「富益富、貧益貧」[17]という二極化が拡大する社会になってしまった。

それを象徴するのが、財閥の肥大化である。主要一〇大財閥の現金性資産(現金と満期一年未満の短期金融商品)を見ると、過去五年間で五六%増加し、一五〇兆ウォン(約一五兆円)に迫っていることがわかった。一〇大財閥の上場企業合計七六社(金融会社と持株会社を除く)の現金性資産は一四八兆五二〇〇億ウォンで、国家予算の実に四二%に達する。なかでも、サムスングループと現代自動車は突出しており、両財閥の合計資産は一〇大財閥の七三・三%も占めている(二〇一四年三月末時点)[18]。

その結果、現金性資産が一兆ウォン(約一〇〇〇億円)を超える「スーパー資産家」は三五人にのぼる。二〇一四年七月末現在の上場企業一八八三社、資産一〇〇億ウォン以上の非上場企業二万一一八〇社を対

(15)『中央日報』二〇一四年四月一八日。
(16)『中央日報』二〇一四年四月一八日。
(17)富める者は益々富み、貧しい者は益々貧しくなるということ。
(18)『聯合ニュース』二〇一四年七月二七日。

象に、大株主や経営者の個人資産を調査した結果は、上位四〇〇人の合計が一八三兆九二九〇億ウォンだった。一人あたりの平均保有資産は四五九〇億ウォン（約四五九億円）になる(19)。

まさに「一％対九九％」の世界だ。もちろん、これらをもたらしたすべての原因が米韓ＦＴＡにあるわけではない。対外依存度の高い韓国経済は、貿易＝輸出の増大こそ生き抜いていく唯一の道である。その手段として米韓ＦＴＡが機能していることは間違いない。だが、米国にとっての米韓ＦＴＡの目的は、一部の富める者を生み出し、米国企業が自由に大手を振って歩ける社会に韓国をつくり変えることだ。

それはＴＰＰにも国家戦略特区にもそのまま当てはまる。なぜなら、いずれも外国企業の自由な経済活動を保証するものだからだ。それがもたらす日本の将来像は、決して明るくない。

（19）『聯合ニュース』二〇一四年八月四日。

第8章　ＴＰＰと国家戦略特区は新自由主義の双子
――いのちの市場化の波を押し返すために――

内田　聖子

1　規制緩和による企業の「自由」の強化

「岩盤規制をぶっ潰す！」

「国家戦略特区で企業が世界一活躍しやすい国に！」

「ＴＰＰで国際競争力を取り戻す！」

勇ましいスローガンを繰り返し聞かされているうちに、「低迷する日本経済が再起するかもしれない」「日本経済が上向きになれば、めぐりめぐって給料が上がるかもなあ」と期待を抱く人もいるだろう。

しかし、それは幻想にすぎない。

安倍政権が進める経済政策＝アベノミクスは、一言で言えば、徹底した規制緩和による企業の「自由」のさらなる強化だ。具体的には、ＴＰＰ（環太平洋戦略的経済連携協定）をはじめとする自由貿易協定の推進と、国内における国家戦略特区など一連の規制緩和政策である。TPPと国家戦略特区は、本質を同じくしながら、雇用、保健・医療、食料自給、食の安全・安心など、いのちに直結する分野で私たちを守る法律や制度を国内外の両面から破壊する。そして、海外からの大規模な投資を呼び込んで新たな市場を形成し、グローバル企業の利益を拡大しようとしている。

まさに「新自由主義の双子」ともいえるTPPと国家戦略特区は、すでに動き出した。TPPは二〇一三年三月に日本が交渉への参加を表明、七月に正式に交渉国となり、現在も交渉が進んでいる。国家戦略特区は二〇一三年一二月に国家戦略特区法が成立し、二〇一四年四月には全国六地域が指定され、計画の策定段階に進んだ。これらが私たちの暮らしや社会全体、国の主権などに与える負の影響は、はかり知れない。「知らなかった」ではすまされない、大問題をはらんでいる。だからこそ、私たちは立ち止まって、目の前に次々と出される言葉の意味と本質を考えなければいけない。

「規制」とは、何のために、誰のためにあるものなのか。ただ壊せば、それでいいのか。
「企業が自由に活動できる」というときの「自由」とは、誰にとっての、どういう「自由」なのか。
「競争」に負ける人間は、誰なのか。見ず知らずの〈誰か〉なのか、〈わたし〉なのか? 得をするのは誰なのか?

ここでは、TPPと国家戦略特区の共通点をあげながら、私たちの暮らしへの影響と押し寄せる規制緩和の波への抵抗について考えたい。

2 TPPとは何か――暮らしが丸ごと市場に投げ出される

米国とすり合わされていた日本の参加

ＴＰＰは、二〇〇六年五月にシンガポール、ブルネイ、チリ、ニュージーランドの四カ国間で発効した自由貿易協定である。ＷＴＯ（世界貿易機関）のように一六〇カ国もの国々による統一的な貿易ルールづくりの時代は二〇〇〇年代前半に終わり、二国間での自由貿易協定（ＦＴＡ）や経済連携協定（ＥＰＡ）へと完全にシフトしている。ＴＰＰも、徹底した自由貿易を目的とする多角的な経済連携協定だ。

当初は経済規模が小さく、第一次産品の輸出依存度が高いチリやニュージーランドのほか、シンガポール、ブルネイによる互恵的な経済連携協定だったが、二〇一〇年三月に米国が交渉参加した直後から、その姿は大きく変貌する。米国はアジア（とくに対中国）戦略の一環として、また低迷する国内経済の打開策として、ＴＰＰをテコにしようと位置づけた。米国の交渉参加の前後にオーストラリア、マレーシア、ベトナム、ペルーが、二〇一二年一二月にはメキシコとカナダも加わり、一一カ国で交渉が進められてきたが、一貫して交渉のイニシアティブを握ってきたのは米国である。

日本でＴＰＰが初めて注目を浴びたのは二〇一〇年一〇月、当時の菅直人首相の参加検討発言だった。当時ＴＰＰについて知る人はごくわずかで、ましてその危険性を十分に認識していた人はほぼ皆無だったと言える。にもかかわらず、マスメディアは「平成の開国」「この船に乗り遅れたら日本は沈没する」などと、連日ＴＰＰ礼賛記事を書き続けた。

しかし、TPP交渉参加の可能性自体は、この時期に判断されたものではない。民主党政権成立前の二〇〇八年一一月にペルーで開催されたAPEC(アジア太平洋経済協力)閣僚会議で、二階俊博経済産業大臣が、こう発言している。

「現下の金融危機における地域経済統合の取組の確実な前進のため、CEPEA(東アジア包括的経済連携)、ASEAN+3、TPPなどの取組を同時並行で進めるべき(1)」

実は、米国が交渉参加の意思を公式に表明したのは二〇〇八年九月、ニューヨークで米国通商代表部(USTR)と他国交渉官との会合の場である。(2) そして、その一カ月前の八月二六日、東京の米国大使館の経済担当公使に、岡田秀一経産省通商政策局長が「TPPに関心を持っている」と伝えたところ、通商代表部のウェンディ・カトラー次席代表代行が来日の際、外務、経産、農水各省の局長級担当者と個別に会談し、APECでの日米政府の対応をすり合わせたという。(3) つまり、米国の交渉参加後の日本の参加の道筋は、この時点ですでにつけられていたということだ。

そして、民主党から政権を奪還した安倍政権は、二〇一三年三月一五日、農業団体や消費者団体、地方自治体などの全国的な反対の声を無視して交渉参加を表明。七月に正式な交渉参加国となった。

暮らしのあらゆる分野が対象

TPPは、国家間の自由貿易協定であるという「表の顔」を持つ。だが、その素顔は私たちの暮らしや国家・社会のあり方を変えてしまう、グローバル大企業による利潤追求のためのツールだ。「徹底した自由貿易」を目指し、あらゆるモノやサービスの関税撤廃を原則とする。その対象分野は非常に幅広い。農産品や工業品など従来の貿易交渉で関税削減対象とされてきた分野はもちろん、保険、環境、労働、知的財産、国有企業など、私たちの日常的な経済活動のほぼすべてが含まれる。

参加表明前後から、テレビや雑誌で「ＴＰＰに入れば、物価が安くなって家計が助かります！」「年に十数万円も食費が浮く！」などという内容の番組や記事が見かけられた。たしかに、海外から農産品や衣料品などがかなり安い値段で入ってくるだろう。しかし、それは同時に、あらゆるものが「低価格競争」の波に飲み込まれることを意味している。それは、私たちにとって本当にメリットなのか？

日本にとってもっとも大きな打撃を受ける分野の一つが農業、すなわち農産品の関税問題だ。農水省自身が試算しているとおり、ＴＰＰ交渉が妥結すれば日本の自給率は現在の四〇％から一四％にまで減少する（交渉参加直後に二七％へ上方修正がなされた）[4]。ＴＰＰは「例外なき関税撤廃」を原則としているため、安倍政権のいう「聖域」という概念とは相入れない。だからこそ、交渉を繰り返しても日米の溝は埋まらない。交渉で各国が対立するおもなテーマを図８-１に示したので、参考にしていただきたい。

「ＴＰＰに断固反対」と言って当選した自民党国会議員はいま、「日米の歩みよりで妥協点を見出してく

（１）外務省「ＡＰＥＣリマ閣僚会議（概要と評価）」二〇〇八年一一月二〇日（http://www.mofa.go.jp/mofaj/gaiko/apec/2008/kaku_gh.html）。

（２）米国通商代表部のウェブサイト（http://www.ustr.gov/trans-pacific-partners-and-united-states-launch-fta-negotiations）。

（３）「ＴＰＰ舞台裏　実は……三年前から議論　本紙が秘密公電入手　米国の関与　明白」『日本農業新聞』二〇一一年八月七日。

（４）農水省によるＴＰＰの影響試算（http://www.maff.go.jp/j/kokusai/renkei/fta_kanren/pdf/shisan.pdf）。

図 8-1　TPP 交渉で各国が対立するおもなテーマ

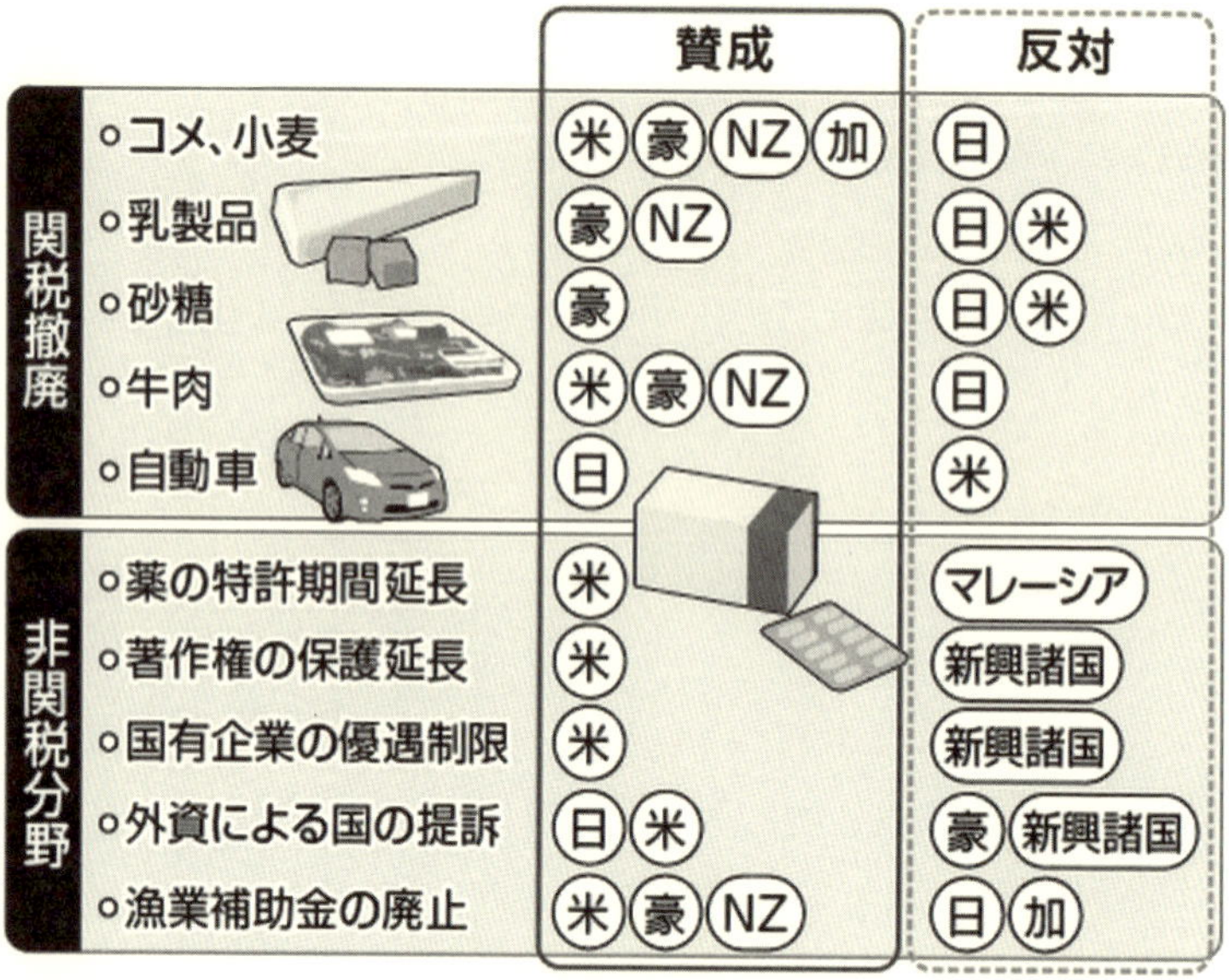

		賛成	反対
関税撤廃	コメ、小麦	米 豪 NZ 加	日
	乳製品	豪 NZ	日 米
	砂糖	豪	日 米
	牛肉	米 豪 NZ	日
	自動車	日	米
非関税分野	薬の特許期間延長	米	マレーシア
	著作権の保護延長	米	新興諸国
	国有企業の優遇制限	米	新興諸国
	外資による国の提訴	日 米	豪 新興諸国
	漁業補助金の廃止	米 豪 NZ	日 加

（出典）「〔図解・行政〕TPP 交渉の主な対立軸（2013 年 8 月）」時事通信社。

れれば、何とか地元の有権者を納得させられる」と思っているのかもしれない。ところが、この思惑は米国の関税ゼロという強硬な主張と真っ向から矛盾する。国を支える農業、人びとが生きるための食糧主権は、放棄されたに等しい。日本の安心・安全な農産品は、米国などを中心とした輸出農産品国の、安いが農薬や遺伝子組み換えの危険性のある商品としての農産品に駆逐されるかもしれない。

医療分野へは、まず混合診療が導入され、最終的には国民皆保険が解体される危険がある。大手製薬会社の知的所有権のいっそうの保護強化が目指されているため、薬の値段も上がる可能性が高い。マイケル・ムーア監督の映画『シッコ』（二〇〇七年）や堤未果氏の『ルポ貧困大国アメリカ』（岩波新書、二〇〇八年）で描かれている米国社会の実態はすさまじい。虫歯一本直すのに数十万円の治療費がかかる。手術して長期入院ともなれば、費用捻出のため自宅を売り払うことも珍しくない。

米国政府と米国医療業界にとって、日本への市場参入はＴＰＰ以前からの積年の夢である。長期的には、「ＴＰＰ参加＝米国企業の日本の保険・医療サービスへの進出」という方向に舵が切られる。

さらに、海外から大量に外国人労働者がやってくると指摘されている。企業にとっては、日本人一人を雇うのと同じ金額で、数人の外国人を雇えることになる。本来、国籍や人種によって賃金格差があってはならない。しかし、雇用側が「コスト削減」のために安く使える外国人労働者を優先的に雇えば、多くの日本人の雇用が失われる。「自分たちの仕事を外国人が奪った」という安易な差別・排外主義も招きかねない。そして、労働者全体の賃金や労働基準は切り下げられていくだろう。「低価格競争」の波に飲み込まれていくからである。

交渉に参加している一二カ国のＧＤＰを比較すると、日米二国だけで九割を占めている。実質的には「日米ＦＴＡ」（二国間貿易協定）であると言ってもいい。米国にとってＴＰＰの意味は、日本をさらに市場開放させ、これまで以上のモノやサービスを売り込むことにほかならない。

繰り返しになるが、ＴＰＰの基本原則は、あらゆるモノやサービスの関税・非関税障壁の撤廃である。医療や保険、食の安全、公共サービスなど、生きていくうえで必要不可欠なものが営利企業による「商品」と位置づけられる。「お金があれば、質の高いものが手に入る。お金がなければ、劣悪なものしか手に入らない。そして、大多数の人にはお金がない」という社会が出現するだろう。

その典型的ケースは、新薬と効能がほぼ同じの模倣医薬品（ジェネリック医薬品）である。米国の大手医薬品企業は最大限の利益を上げるため、新薬の特許期間をできるだけ長くしたいと主張する。だが、そうなれば特許期間後にジェネリック医薬品をつくることも先延ばしになるという理由で、マレーシアやベトナムなどが真っ向から反対している。なぜか。

マレーシアでのエイズ患者たちは貧しい。安価なジェネリック医薬品があるおかげで、余命をつないでいる。こうした患者にとって、ジェネリック医薬品がなくなったり、たとえ一ドルでも値段が上がったりすれば、死に直結する。まさに、「人びとのいのちか、企業の利潤か」という攻防である。

大企業が貿易協定に堂々と関与

私はこの三年間、TPP反対の立場から、徹底した秘密主義の交渉の本質をできるだけ多くの人たちに伝えようとしてきた。交渉会合にNGOとして参加し、首相官邸前でデモや集会を行い、政府に対して説明責任・情報公開を求める活動に取り組んできたのだ。

これまで一九回も重ねられてきた交渉会合の現場には、各国の交渉官(二〇〇〜三〇〇名)のほかに、利害関係者(ステークホルダー)として参加国の企業やNGO、労働組合などが事前登録し、会期中に一日だけ行われる「ステークホルダー会議」に参加資格を得る。毎回、企業や各種団体から平均一五〇名ほどが参加し、各国交渉官と会話したり自らの意見を働きかける。これらは、日本でほとんど伝えられていない。

二〇一三年三月にシンガポールで行われた第一六回交渉会合に初めて参加した私は、驚くべき光景を見た。ステークホルダーとして、米国の名だたる多国籍大企業が参加していたからだ。ナイキ、フェデックス、(5)カーギル、(6)フォードなどに加えて、「TPPを推進する米国企業連合」(モンサント、ウォルマートをはじめ一〇〇社以上が加盟)や、「米国商工会議所」「米国研究製薬工業協会」(ファイザー、グラクソ・スミスクラインなどの米国大手製薬会社による業界団体）といった業界団体も毎回のように参加している。

こうした企業や業界団体が二〜三カ月に一度、交渉参加国のいずれかで開かれる会合に時間とコストをかけて何人もの社員を送り込むのには理由がある。TPPによって利益を得られるからだ。

二〇一三年五月にペルーのリマで行われた第一七回交渉会合では、公式行事であるステークホルダー会議の翌日に、米国商工会議所や米国貿易緊急委員会（米国の財界有力者が結成した自由貿易の推進団体）、APECのための米国ナショナル・センター、カナダ農産物輸出連合、ペルー外国貿易協会、ニュージーランド国際ビジネスフォーラム、シンガポールビジネス連合、チリ産業連合などが各国交渉担当者を招き、「ビジネス会議」を開いた。交渉参加国の財界・業界団体が一堂に会した会議だ。彼らはなかなか妥結しない交渉に苛立ちながら、交渉官に対し「今年中に妥結するよう求める」という趣旨の要請を出し、「活」を入れていた。

このように企業が貿易協定交渉への「公式」の関与を認められた例は、ほかにない。WTOの交渉現場でも、企業と関係者は交渉官に会って情報収集やロビイングも行うが、あくまで非公式にである。企業による行き過ぎた自由貿易の推進は途上国や市民社会から批判され、ある程度その批判を意識する必要があった。ところが、TPP交渉ではその「呵責」も軽々と取り払われていると言っていい。国と国との貿易

（5）二二〇以上の国と地域をカバーし、書類や小荷物などの国際宅配便や重量貨物向けの国際輸送サービスを提供する、世界最大の航空貨物輸送会社。TPP交渉会合にほぼ毎回参加し、各国交渉官にロビイングを展開している。
（6）モンサント社と並ぶ米国の多国籍穀物メジャー。精肉・製塩など食品全般および金融商品や工業品にもビジネスの範囲を広げている。

交渉であるにもかかわらず、政府は企業のエージェントと化し、企業は自らの利益追求のために、日々政府に「関税を撤廃せよ」「規制を取り払え」とロビイングする。

米国では、政府と民間企業の間の「回転ドア」のような往来が当たり前だ。たとえば、クリントン政権で財務長官を務めたロバート・ルービンは、ゴールドマン・サックス社の共同会長であり、退任後はグローバルな金融機関シティ・グループの経営執行委員会会長を務めた。モンサント社のマイケル・テイラーは、食品医薬品局(FDA)長官の上級顧問に任命されている。

また、グローバル企業の元トップが政府の貿易交渉官になることも珍しくない。現在通商代表部でTPP首席交渉官を務めるマイケル・フロマンがシティ・グループの取締役だったように、大手保険会社の出身者が保険分野の交渉官となったり、製薬会社の出身者が知的所有権分野の交渉官になったりする。さらに、通商代表部には約六〇〇人の「貿易アドバイザー」がおり、その多くは財界メンバーで占められる。

こうしたグローバル企業出身者は、「どうすれば米国企業にとって交渉が有利になるか」「何を獲得すべきか」を熟知しており、TPP交渉ではその手腕を最大限に発揮している。

グローバル企業に有利なISD条項

TPP交渉を早期に、しかもできるだけ自らの利益にかなう内容で妥結したいと望む米国政府と、その背後にいる大企業連合は、日本の市場を虎視眈々《こしたんたん》と狙っている。安倍政権の新自由主義政策について、「米国からの圧力」と分析されたり、「米国の多国籍企業が日本に攻めてくる」との警戒が発せられることがある。妥結で利益を得るのは圧倒的に米国に本籍を置く企業が多いため、そのような言説が強調されるのだろう。

ただし、ＴＰＰを推進しているのは、米国企業だけではない。日本の大企業も、米国系グローバル企業と利害を共有し、推進の旗を積極的に振っている。ここに、ＴＰＰとセットになって国家戦略特区が推進される理由がある。

日米のトップ企業・経済団体約八〇からなる「日米財界人会議」は、交渉を強固に推進し続けている。これまでも、たびたび推進に向けた「共同声明」をリリースしてきた。そこで繰り返されるのは、「関税ゼロは当たり前」「労働や農業市場における規制緩和を徹底させる」という主張だ。

新自由主義政策の導入に際して、日本企業がさらに利益を上げることで日本経済全体が活性化するという見込みが政府や一部マスメディアによって喧伝される。だが、グローバル企業はすでに無国籍化し、「日本企業」「米国企業」という捉え方自体が、意味をなさなくなってきている。

自由貿易が進み、モノやサービスがいっそう国境を越えてやりとりされるようになれば、グローバル企業は当然、もっとも法人税が安い国へ本社を移し、土地と設備費と賃金がもっとも安い国へ工場を移転していく。大企業のお膝元に下請け、孫請け、ひ孫請けの中小企業が連なり、大企業の利益を少しずつ分配していくことで地域経済が成り立っていた「企業城下町」は、もはやあり得ないのではないだろうか。

前述の米国研究製薬工業協会には、エーザイ、第一三共などの在米本社・支社も加わっている。日本が交渉に参加していない時期に、すでに在米本社・支社という立場を利用して、間接的に米国企業と利害を共有し、推進への圧力をかけてきたのだ。「ＴＰＰを推進する米国企業連合」には、米国トヨタや北米日産なども加盟している。

ＴＰＰは、こうしたグローバル企業の支配をさらに強めるための「ツール」である。その最大のポイントは、第7章で言及されているＩＳＤ条項（投資家対国家間の紛争解決条項）である。ＩＳＤ条項はもともと、先進国の投資家が途上国に投資する際に、法律や制度の未整備によって招く損害を予防・解決するための仕組みとして、貿易協定や投資協定に導入された。

投資家や企業は、当初予定していた利益が、相手国の法律や制度、あるいは政変などの緊急事態によって得られなかったと判断した場合、相手国政府を訴えられる。訴えを受けるのは、世界銀行傘下の「国際投資紛争解決センター」（ＩＣＳＩＤ）。審理は、非公開かつ数名の職員によって行われる。通常の裁判のような控訴・上告などの仕組みはなく、判定は一回限りだ。政府が負ければ、数千億ドルにものぼる多額の賠償金を企業に支払わなければならない。判定の基準は、「企業側が予定していた収益を上げられなかったかどうか」のみ。法律や制度の内容や社会にとっての必要性は一切、考慮されない。

これまでもＮＡＦＴＡ（北米自由貿易協定）や個別のＦＴＡ、投資協定のもとで、米国企業は他国政府をＩＳＤ条項によって訴えてきた。ＴＰＰ交渉が妥結すれば、日本の諸法律・制度も、その対象となる恐れが十分にある。

たとえば、米国のメタルクラッド社はメキシコ連邦政府とサン・ルイス・ポトシ州から廃棄物処理施設の建設許可をうけて投資し、処理工場を建設した。しかし、有毒物質による近隣の村の飲料水汚染で住民に健康被害が出る危険性があるとして、工場のあるグワダルカサール市は、建設許可を与えないことを決定。その結果、処理工場は操業できなくなった。これに対して同社は、ＮＡＦＴＡのＩＳＤ条項を使って提訴。メキシコ政府は敗訴し、約一七〇〇万ドルの賠償金を同社に支払った。

また、米国の製薬会社イーライリリー社が開発した注意欠陥・多動性障害治療剤の臨床実験数が不十分であるとして、カナダ政府は国内販売での特許を与えなかった。同社はこれを不当として、最高裁判所に持ち込んだが、却下される。その後、同社はＩＳＤ条項でカナダ政府を訴え、現在審理中だ。賠償請求額は約一億ドルである。

ところが、日本政府は、ＩＳＤ条項に反対するどころか、米国とともに推進の立場をとっている。政府が開く説明会などで、ＩＳＤ条項への危機感が参加者から出されても、「大丈夫です。むしろ、ＩＳＤ条項は日本企業が他国で活動する際の大きなメリットになるでしょう」という説明が繰り返される。

日本のＴＰＰ反対運動は、ともすれば「食の安全が脅かされる」「混合診療が解禁される」など日本人の暮らしへの影響を強調する傾向がある。もちろん、それらはＴＰＰがもたらす危険性の一つだ。しかし同時に、日本企業が今後、マレーシアやベトナム、シンガポール、ペルーなど米国以外のＴＰＰ参加国への投資や工場移転を進め、利益が得られなかったという理由で相手国政府を訴えるという事態も起こりうる。日本企業が経済的優位性を背景に、多額の賠償金を得て「勝者」となる可能性もある。その際に踏みにじられる側の国の法律や制度、主権に対して、私たちは無関係なのだろうか。

一国の法律や制度そのものを攻撃できるＩＳＤ条項に対して、「国の主権を脅かす、あまりに大企業に有利なメカニズム」という理由で、国際市民社会からの批判はますます高まっている[7]。米国・ＥＵの自由貿易・投資協定である環大西洋貿易投資パートナーシップ協定（ＴＴＩＰ）交渉からＩＳＤ条項を除外せよ、という

(7) 二〇一三年六月に交渉が開始された、いわば「欧米版ＴＰＰ」である。ＴＰＰ同様、グローバル企業の利益追求による各国の主権や人びとの暮らしへの影響が、欧米の市民社会から指摘されている。

キャンペーンも始まった。にもかかわらず、米国と日本の政府と財界は一体となって推進しているのだ。

3 米国の意向に呼応する国家戦略特区

二〇一三年六月一四日、アベノミクスの「第三の矢」として、成長戦略「日本再興戦略—JAPAN is BACK」が閣議決定された。国家戦略特区はその重要な柱の一つ、いわゆる「目玉」として位置づけられている。私はすぐさま「これはTPPとまったく同じだ」と確信。中身を知れば知るほど、二つの本質が同じことがわかってきた。

国家戦略特区は、「世界で一番ビジネスのしやすい環境をつくる」ため、「大胆な規制改革と税制措置、新しい技術やシステムによるイノベーション」を駆使する、「これまでとは次元の違う」プランだという。(8)

具体的には、「外国人への医療サービス提供の充実（外国人医師の国内医療解禁、病床規制の見直し等）」や「先進医療等の保険外併用診療の範囲拡大」「有期労働契約期間（五年）の延長（契約型正規雇用制度の創設）」「農地流動化のための農業委員会の関与廃止等」などが、「実現されるべき規制改革事項」の例としてあげられている。

ここでいう「規制改革」とは、TPPでいうところの「（非関税）障壁の撤廃」である。要するに「企業がビジネスを進めるうえで邪魔な法律や仕組み、慣行は壊せ」ということだ。

日本がTPP交渉会合に初めて参加したのは、その一カ月後の二〇一三年七月、マレーシアのコタキナバルである。NGOの一員として参加した私は、交渉から撤退すべきと現地から発信したが、日本国内で国家戦略特区がＴＰＰ交渉参加と同じタイミングで提起されていたことは、帰国するまで知らなかった。国の「外側と内側」から、規制緩和が実行段階へとはっきり進んだのが、この時期なのである。

ＴＰＰ交渉参加と国家戦略特区が同時並行的に進められていたことを示す根拠がある。米国通商代表部のカトラー次席代表代行は、二〇一三年一一月の来日時の記者会見でＴＰＰとアベノミクスの規制緩和策に関してコメントし、テレビでも大きく報道された。

「（ＴＰＰ交渉の非関税分野の議論は）ほとんどすべて安倍首相の三本目の矢の構造改革プログラムに入っている」

米国は以前から、「貿易障壁報告書」などを通じて、また数々の貿易自由化交渉において、日本の法律や制度、市場そのものが「閉鎖的」であるとして、開放・改革を要求してきた。もともとは助け合いの精神に根差す共済事業や、意識ある生産者と消費者の運動の成果として設けられた食の安全基準、残留農薬基準なども、非関税障壁に含まれる。米国企業にとってこれらは、単なる「ビジネスの阻害要因」にすぎない。非関税障壁の議論をＴＰＰ交渉と並行して日米で進めるために来日したカトラー氏は、続けて次のように語った。

「ＴＰＰ交渉のうち焦点となっている非関税分野で、米国がめざすゴールとアベノミクスの第三の矢は、完全に一致している」

（８）「『国家戦略特区ワーキンググループ』の検討経緯など」(http://www.kantei.go.jp/jp/singi/tiiki/kokusentoc_wg/pdf/0823siryo.pdf)。

マスメディアはこの発言を、「カトラー氏もお墨付きのアベノミクス」といった能天気な論調で伝えた。だが、米国側からTPPと第三の矢（＝国家戦略特区に代表される規制緩和）は同じ目的であると明言されるのは、あまりにも皮肉である。今後、国内で進められる規制緩和策は、米国にとっては「日米の非関税交渉」の一環でもあり、仮にTPP交渉が妥結しなかったとしても、実質的に日本国内が徹底的に規制緩和され、企業が活動しやすい条件が整えば、米国は満足するのだ。「だから、どちらもしっかりやりなさい」というのが、カトラー氏の言葉の裏に隠されたメッセージである。

こうした思惑に呼応しながら、自ら進んで国家戦略特区を進めているのは誰なのか。安倍政権下で次々と任命される各種諮問会議のメンバーを見ると、米国の「回転ドア人事」を真似ようとしているとしか思えない。

国家戦略特区諮問会議には、竹中平蔵氏（慶応大学教授、パソナグループ会長）、秋池玲子氏（ボストンコンサルティンググループシニアパートナー）、坂根正弘氏（小松製作所相談役）らが、ヒアリング調査を行う「有識者」には、モルガン・スタンレーMUFG証券チーフエコノミストのロバート・アラン・フェルドマン氏のほか、一般社団法人・不動産協会や日本製薬工業協会、第一三共や三菱東京UFJ銀行もならぶ。また、徹底した規制改革論者でありTPP推進派の八田達夫氏[9]（大阪大学名誉教授）や八代尚宏氏（国際基督教大学客員教授）などもメンバーだ。産業競争力会議や規制改革会議などにも、新自由主義を推進する財界人が多く送り込まれている。

竹中平蔵氏が人材派遣会社パソナグループの会長であることは広く知られている。政府が産業競争力会議で「骨太の方針」と「成長戦略」を取りまとめた前日の二〇一四年六月二三日、竹中氏は東京都内で行われたパソナ社員向けの講演会で、新成長戦略の中身について長々と語り、「私たちの業務につながる」と社員を鼓舞したという報道もある。(10)

彼らは誰の利益のために、各種会議でさまざまなプランを「提言」しているのだろうか。

4 いのちか、利潤か

「いのちは売り物ではない！」

「医薬品へのアクセスはすべての人びとの権利」

「一％の大企業のルールを押し付けないで！」

ＴＰＰ交渉の現場に足を運ぶと、参加国の市民団体や労働組合、消費者団体、医療関係者たちが常にこう訴えている。交渉会合はその国の最高級ホテルを借り切って開催されるが、ほとんどの場合、具体的な日程や会場は直前まで明かされない。私たちＴＰＰ反対の国際ネットワークの仲間たちは、日常的に自国

(9) 八田氏はあらゆる分野で既得権の打破を進めていけば、結果として全員の損を補償することが可能だと論じ(八田達夫『ミクロ経済学Ⅰ・Ⅱ』東洋経済新報社、二〇〇八年、二〇〇九年、八田達夫・松本泰幸・山下一仁「(鼎談)ＴＰＰを機に、打って出る農業へ」『経済セミナー』二〇一一年六・七月号など)、いわゆる「強者の農業」の推進役である。

(10) 「パソナ竹中会長が講演　新成長戦略は『私たちの業務につながる』」『日刊ゲンダイ』二〇一四年六月二六日(http://www.nikkan-gendai.com/articles/view/news/151337/1)。

の交渉官や関係者から情報を聞き出し、どこで誰が集まって会議を開くのかをできるかぎり早くつかみ、共有する。

また、二〇一三年八月のブルネイを最後に、全分野・全参加国の交渉官が一度に集まる全体交渉会合(ラウンド)は開かれていない。各分野ごとあるいは首席交渉官会合、閣僚会合、二国間交渉などが次々と同時多発的に持たれるようになった。当然、NGOや企業が参加登録できるステークホルダー会議も一切開かれない。これは、全体の交渉会合では妥結に時間も費用もかかると判断した米国の作戦だと私たちは考えている。こうして、さらに秘密性が高まり、市民社会の監視の目が行き届きにくくなった。

そうしたなかにあっても、TPPに反対する国際ネットワークは、できうる手段を駆使して交渉をウォッチし、「企業の利潤追求のツール」づくりを阻止する努力を日々重ねている。消費者グループや医療団体は、国境を越える大企業の動きに対し、国境を越えた草の根の連携をつくって対抗してきた。

米国は日本と比べて、TPPの認知度も反対運動も弱いが、パブリック・シチズン(11)や自然保護団体のシエラクラブなど、一〇〇万人規模の会員数を持つNGOが奮闘している。米国労働総同盟・産業別組合会議(AFL-CLO)などの大規模な労働組合も、国内の雇用を奪い、労働条件を切り下げるという理由で強く反対する。米国では、TPPの秘密性、大企業優先のルールづくりへの批判という観点が強い。

NAFTAで打撃を受けたのは、メキシコの農民や貧困層だけでなく、米国の低所得層や工場労働者などだったとも指摘されている。格差と貧困が各国で深刻化しているという主張だ。環境団体やインターネット上の表現の自由を求めるグループなどが積極的に自由貿易反対の声を挙げているのは、日本と異なる点である。

メキシコやペルー、チリなどの中南米諸国では、すでに一九九〇年代に米国との間でＦＴＡ(メキシコの場合はＮＡＦＴＡ)を結んだ。その結果、医薬品の価格が高騰したり、ＩＳＤ条項によって自国政府が米国企業から訴えられるという「負の経験」を重ねてきている。だからこそ、「これ以上、自由貿易はイヤ!」と訴えているのだ。

ニュージーランド、オーストラリアでは、小規模ながら粘り強い運動が存在する。オーストラリアは先進国では珍しくＩＳＤ条項に消極的だ。その背景には、国民の健康や医薬品アクセスへの権利を訴えてきた医療・保健関連団体の政府へのロビイングがある。アジアでは、政府・市民社会の両面で、マレーシアの存在が突出している。エイズ患者の医薬品アクセス問題に関して、厚労大臣が公式に「我が国は米国からの圧力には屈しない」という主旨の発言をした。この発言を引き出したのは、エイズ患者支援団体や医療団体、ＮＧＯの地道な活動である。

こうした国々の市民社会のＴＰＰ阻止への努力は、交渉が本格化してから三年以上も続いている。情報が得られないなかで、毎回の交渉会合に資金を捻出して足を運び、各国の交渉官から引き出したわずかな情報を持ち寄り、パズルのように組み合わせながら分析し、次の作戦を練る。

日本が交渉参加して以降は、日本国内で参加反対を訴えてきた農業団体、消費者団体、ＮＧＯもこうした運動に加わった。私が属するアジア太平洋資料センター(ＰＡＲＣ)もその一つだ。実は、日本の反対運

(11) 一九七一年に、ラルフ・ネーダー氏によって消費者団体として設立された。その後、貿易・投資、環境、人権など幅広いテーマで調査研究、ロビイングやキャンペーンを展開し、米国市民社会の代表的な組織である(http://www.citizen.org/)。

動の動きはＴＰＰ交渉全体のなかで重要な役割を果たしている。

日本は、米国はじめオーストラリア、カナダ、ニュージーランドなどの農産品輸出国からすれば「絶好のターゲット」であり、保険、医療、金融などの分野では米国にとっての「おいしい市場」だ。日本の参加によって、交渉は明らかに複雑化・複線化した。現時点で交渉が妥結していない大きな要因の一つは、日米の関税交渉の先行きが見えないことである。

ＴＰＰ交渉参加国の市民たちは、自由貿易協定や投資協定のさらなる推進に警鐘を鳴らしている。資本の移動の自由、投資の自由化、金融・貿易の自由化――。一九七三年のチリに始まり、八〇年代のレーガン（米国）とサッチャー（英国）の時代にもたらされた世界規模の新自由主義政策は、先進国の大企業や投資家に「限りない自由」を提供し続けてきた。

だが、三〇年にもわたって新自由主義政策が世界の国々に導入されてきた結果、私たちの目の前に広がったのは、すさまじい格差と貧困、そして肥え太る大企業である。「豊かな者がより豊かになれば、貧しい者へもその富が流れ落ちる（浸透する）」というトリクルダウン説など実現しなかったことは、各種データはもちろん、私たちの生活実感そのものが十分に示しているではないか。実際、米国では一％の富裕層が国民全体の富の約二割を保有している。

日本においても同様だ。大企業の内部留保は年々増える一方で、労働者の平均賃金は一九九七年をピークに下降の一途をたどっている（図８−２）。役員と一般社員の平均年収の格差は、カシオ計算機、日産自動車、武田薬品工業、日本調剤など九社で、実に一〇〇倍を超える（二〇一四年三月期、東京新聞調べ）。「大企業の利益が増えれば末端の社員の給与も上がる」というストーリーは、嘘だったのだ。

図 8-2　大企業の内部留保額と民間平均賃金の推移

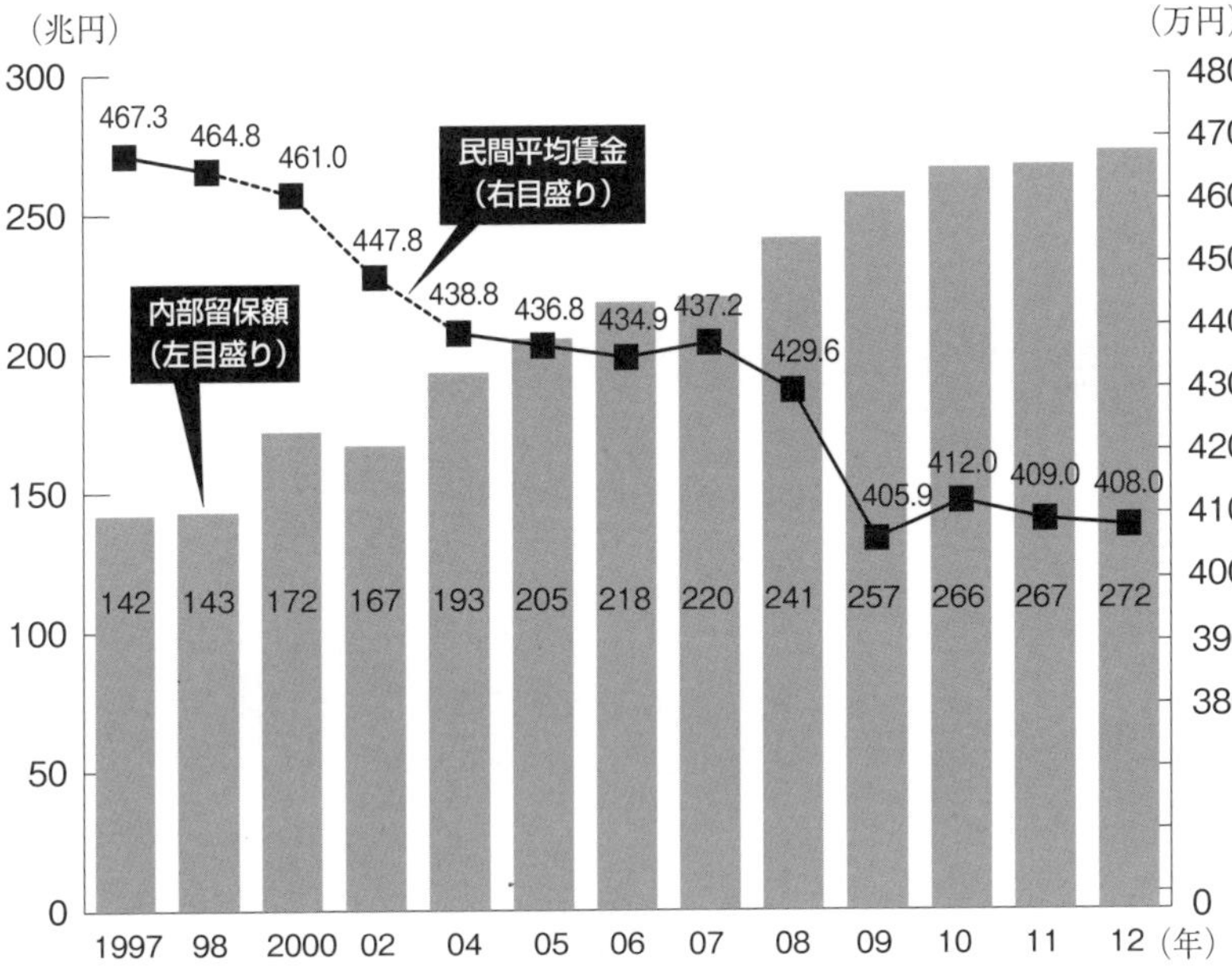

（注１）内部留保額は年度、民間平均賃金は年。
（注２）内部留保額は「2014年国民春闘白書」、民間平均賃金は国税庁「民間給与実態統計調査」から。
（出典）『しんぶん赤旗』2014年1月14日。

格差社会を表すバロメーターに、「ジニ係数」がある。数値が大きければ大きいほど所得格差が大きい。最大一・〇では一人がすべての所得を独り占めにする完全不平等社会、逆に〇であればすべての人の所得が同じ完全平等社会となる。OECD加盟三四カ国中、トップはメキシコ、米国は四位だが、日本は〇・三二四で一〇位。つまり格差が大きい国である。しかも、その数値がここ二〇年で急上昇した。

このほか、二〇一二年の子どもの貧困率は過去最悪、就学援助が必要な小中学生数は一六年連続増加……。日本の貧困と格差の増大を示す調査結果をあげれば、きりがない。世界に広がった新自由主義の「失敗」のつけを引き受けさせられてきたのは、途上国の貧しい人びとだけではない。いまでは、先進国における私たち「九九％」の人びとなのだ。

ここまで深刻になっている貧困や格差に、ＴＰＰや国家戦略特区は追い打ちをかける。安倍首相が「ドリルで壊す」と言う農業や労働や医療などの分野の「岩盤規制」は、企業にとって最大の邪魔モノだ。しかし、それらは、私たちが安心して農産物を手に入れたり、働いたり、医療を受けられるための最低限の権利を保障する法律や制度にほかならない。「農協解体」「労働の規制緩和」「混合診療解禁」など、一見ＴＰＰや国家戦略特区とは無関係な個別の国内政策の行き着く先は、すべて同じである。

いま国際的な貿易協定において日本政府は、ＴＰＰに限らず、各国との間でモノやサービスの貿易をさらに自由化しようとしている。たとえば、米国やＥＵなど四八カ国が参加するＴｉＳＡ(新サービス貿易協定)は、ＴＰＰから関税部分だけを抜いた貿易協定といっていい。保険や医療、教育、水道などの公共サービス、食の安全基準などの非関税障壁分野を自由化しようとする(七八ページ参照)。ＴＰＰと同様に多国籍大企業の声が反映された非民主的な秘密交渉であると欧米のＮＧＯは批判しているが、日本ではまったくというほど知られていない。

5 「民主主義の通貨」としての情報と脱成長

国際的な自由貿易協定として、あるいは国内政策として、さまざまな形で押し寄せる規制緩和と新自由主義の波に、私たちはどう対抗していけばいいのか。

いま世界を見渡せば、ＦＴＡだけでも三〇〇〇以上あり、交渉中も含めて加速度的に増えている。今後、ＴｉＳＡやＴＴＩＰなど新自由主義を推進するいわゆる「メガＦＴＡ」や、投資協定の相次ぐ妥結が懸念される。私たちはＴＰＰだけに注目すればよいわけではない。

秘密裡のＴＰＰ交渉を妥結させないためにもっとも重要なことは、情報の公開である。同じく秘密交渉が行われていた、米国主導のＭＡＩ（多国間投資協定）が、一九九七年に交渉途中で頓挫したのは、途上国からの批判に加えて、隠されていた協定文が米国のＮＧＯによってリークされ、インターネットを使って全世界に拡散されたためだ。ラルフ・ネーダー氏は、「情報は民主主義の通貨である」と述べた。隠された交渉のなかにこそ、企業や政府の「やりたいこと」が詰まっている。それを監視し、ひきずり出すことで、私たちはかろうじて暴走する企業の利潤追求に歯止めをかけられる。

国家戦略特区の地域指定がなされた直後の二〇一四年四月、都民・区民への情報公開について、私は担当部署である東京都知事本局総合特区推進部総合特区推進課に電話で尋ねた。以下がそのやりとりである。

「これまで公開の場で、都民に特区計画を説明したのか？　とくに、指定された九区に関しては住民への影響があると思うが、説明はどうなっているのか？」

「都としては、指定された区の担当者への説明はしているが、都民への説明は行っていない。各区が独自の判断でやる場合もあるだろうが、把握していない」

「こうした案件は都民・区民にきちんと公開・平等に説明すべきではないか。私たちが集会を開いた場合なども、都の計画をぜひ説明にきてほしい」

「そのような問い合せがあったのは初めてだ」

いまの日本は、特定秘密保護法や集団的自衛権、憲法改悪など民主主義の危機である。私たちが私たち自身の暮らしに関わることについて情報を得て、政府や企業をチェックしていくことが、ますます重要になっている。それは、日々の地道な努力の積み重ねでしか実現しない。たとえ電話やメール一本でも、FAX一枚でも、疑問や情報を求める声をぶつけていかなければならない。

皮肉にも、日本のTPP交渉参加は、人びとの草の根レベルでの民主主義の実現や、地域の自立・脱成長の取り組みを結果的に強化している。あまりにも政府が人びとの声や暮らしをないがしろにしているため、「いい加減にしろ」と怒っているのだ。そして、全国各地で続くTPP反対運動には、TPP(＝新自由主義)とは異なる地域や仕事、人間関係、社会のあり方への模索が内包されている。官邸前や街頭で訴えていると、「日本の食料自給率がこんなに低かったとは知らなかった」「農業者がどんな気持ちで田んぼや畑を続けているのかがわかった」「日本の国民皆保険制度がとてもありがたいものだと初めて知った」という感想を聞く。

世界を見ても、新自由主義への抵抗運動と同時に、経済成長を前提にしない、「脱成長」の実践が広がろうとしている。協同組合や社会的企業、社会的金融、フェアトレード(国内的には地産地消)、農的暮らしと地域づくりの実践である。もちろん、日本各地にも豊かな取り組みが多く見られる。

また、フランスの経済学者トマ・ピケティ氏の『二一世紀の資本論』や、フランスの経済学者セルジュ・ラトゥーシュ氏の『経済成長なき社会発展は可能か』『脱成長は、世界を社会を変えられるか』(ともに中野佳裕訳、作品社)が国内外で注目され、各国の企業トップや官僚、政治家を含めて、多くの読者を得ている。ラトゥーシュ氏の著作は、丸の内のビジネス街や霞が関の書店でもよく売れているという。新自由主義に代わる「脱成長」「利潤追求・経済成長から人間らしい経済へ」を模索する思想的潮流が静かに広がりつつあることには、希望を見いだせる。

とはいえ、今後さらに、食や農業、医療、水道などの公共サービス、保険、医薬品など、多くの分野で市場化の波が押し寄せてくるだろう。ＴＰＰだったり、国家戦略特区だったり、あるいは別の形をとりながら。こうした分野は本来、経済原理・市場原理に放り込んではいけない、いのちや尊厳に関わる営みである。

私たちはいま深刻な瀬戸際に立ち、「いのちか、利潤か」という選択を迫られている。

あとがき

二〇一四年九月二九日、第一八七回臨時国会がスタートした。国家戦略特区については四月に全国六カ所（東京圏、関西圏、新潟市、兵庫県養父市、福岡市、沖縄県）が指定され、この国会で各分野での規制をさらに緩める国家戦略特区法改正案が出される予定だ。シルバー人材センターの就業時間の延長、医師の資格がなくても経営実績があれば医療法人のトップになれる、などの内容である。

具体的なプランを策定する区域会議は、すでに動き出した。たとえば、政府が提示した東京都の事業計画素案には、「大手町での国際金融・ビジネス交流などの拠点整備」「虎ノ門地区での日比谷線の新駅と合わせた外国人向け医療・居住施設やインターナショナルスクールの整備」「慶応義塾大学病院での保険外併用療養など医療法の特例」「大型ビル建設の規制緩和」など、外資を誘致し大企業が活動しやすい金融拠点をつくるプランが華々しく提示されている。

その内容を知れば知るほど、日々働き、住まい、医療や教育を受ける主体としての私たち一人ひとりの生活など、一顧だにされていないことを痛感させられる。国家戦略特区とは、いったい誰のためのものなのか。改めて疑問と怒りが湧いてくる。

二〇一三年夏に「アベノミクスの第三の矢」の重要な一つとして国家戦略特区が持ち出されてきた際、私たちアジア太平洋資料センター（ＰＡＲＣ）は大きな危機感を抱いた。以来、雇用、医療、農業、そしてそれらすべてを飲み込むＴＰＰのような自由貿易協定など、さまざまな分野で新自由主義や暴走する市場経済に対して警鐘を鳴らしてきた方々と勉強会や講演などでご一緒する機会が、以前にもまして増えた。そうした方々の取材や分析によって、各分野で進められている規制緩和・市場化の波を把握し、いま私たちの暮らしや社会に何が起こっているのか、その本質を伝えて問題提起したいというのが、本書の狙いである。

国家戦略特区については、昨年からある程度の話題にはなってきたものの、まとまった分析や批判的な見地から書かれた書籍は出版されていない。「まだどうなるか、わからない」「自分の暮らしにどう関わるのかピンとこない」という方がほとんどだろう。しかし、その成り立ちや、アベノミクスの成長戦略として次々と打ち出されてきた規制緩和策、投資呼び込み策などを見れば、行き着く先はすでに示されている。

当面、私たちの暮らしに迫る危機は続くだろう。住民・主権者として危機の波を押し返し、ほんとうの意味での豊かな地域と社会を創造していくことの重要さを、本書をとおして感じ取っていただければ幸いである。

二〇一四年一〇月一五日

内田　聖子

【著者紹介】

浜　矩子（はま・のりこ）
1952年生まれ。同志社大学大学院ビジネス研究科教授。主著＝『新・国富論——グローバル経済の教科書』（文春新書、2012年）、『老楽国家論——反アベノミクス的生き方のススメ』（新潮社、2013年）。

奈須りえ（なす・りえ）
1961年生まれ。市民政策アナリスト、市民シンクタンクまちづくりエンパワメント代表、前・大田区議会議員。

新里宏二（にいさと・こうじ）
1952年生まれ。弁護士、日弁連多重債務問題ＷＴ座長、元・日弁連副会長。共著＝『武富士の闇を暴く——悪質商法の実態と対処法』（同時代社、2003年）、『Ｑ＆Ａ改正貸金業法・出資法・利息制限法解説』（三省堂　2007年）。

東海林智（とうかいりん・さとし）
1964年生まれ。毎日新聞社会部記者。主著＝『貧困の現場』（毎日新聞社、2008年）、『15歳からの労働組合入門』（毎日新聞社、2013年）。

藤末　衛（ふじすえ・まもる）
1958年生まれ。全日本民主医療機関連合会会長、神戸健康共和会理事長。

大野和興（おおの・かずおき）
1940年生まれ。農業ジャーナリスト、日本消費者連盟共同代表。主著＝『農と食の政治経済学』（緑風出版、1994年）、『日本の農業を考える』（岩波ジュニア新書、2004年）。

郭　洋春（カクヤンチュン）。
1959年生まれ。立教大学経済学部教授。主著＝『TPPすぐそこに迫る亡国の罠』（三交社、2013年）、『開発リスクの政治経済学』（編著、文眞堂、2013年）。

内田聖子（うちだ・しょうこ）
1970年生まれ。アジア太平洋資料センター（PARC）事務局長。共著＝『活動家一丁あがり！——社会にモノ言うはじめの一歩』（NHK出版新書、2011年）。

徹底解剖国家戦略特区

二〇一四年一一月五日　初版発行

編　者　アジア太平洋資料センター

発行者　大江正章

発行所　コモンズ

東京都新宿区下落合一—五—一〇—一〇〇二
TEL〇三（五三八六）六九七二
FAX〇三（五三八六）六九四五
振替　〇〇一一〇—五—四〇〇一二〇
info@commonsonline.co.jp
http://www.commonsonline.co.jp/

印刷・東京創文社／製本・東京美術紙工
乱丁・落丁はお取り替えいたします。
ISBN 978-4-86187-120-7 C 0030